내가 체험한
스물다섯 개의
귀신 이야기

KB191854

# 내가 체험한 스물다섯 개의 귀신 이야기

발행일      2021년 5월 24일

지은이      신상래
펴낸이      손형국
펴낸곳      (주)북랩
편집인      선일영                          편집    정두철, 윤성아, 배진용, 김현아, 박준
디자인      이현수, 한수희, 김윤주, 허지혜      제작    박기성, 황동현, 구성우, 권태련
마케팅      김회란, 박진관
출판등록    2004. 12. 1(제2012-000051호)
주소       서울특별시 금천구 가산디지털 1로 168, 우림라이온스밸리 B동 B113~114호, C동 B101호
홈페이지    www.book.co.kr
전화번호    (02)2026-5777                    팩스    (02)2026-5747

ISBN      979-11-6539-763-0 03200 (종이책)      979-11-6539-764-7 05200 (전자책)

**(주)북랩** 성공출판의 파트너

북랩 홈페이지와 패밀리 사이트에서 다양한 출판 솔루션을 만나 보세요!

**홈페이지** book.co.kr   •   **블로그** blog.naver.com/essaybook   •   **출판문의** book@book.co.kr

**작가 연락처 문의** ▸ ask.book.co.kr

작가 연락처는 개인정보이므로 북랩에서 알려드릴 수 없습니다.

# 내가 체험한
# 스물다섯 개의
# 귀신 이야기

신상래 **지음**

북랩 **book** Lab

귀신은 각종 미디어에 자주 등장하는 인기 캐릭터이다.

영화나 TV, 소설에도 자주 등장하고, 유튜브에서도 단골 소재이다. 아마 인류가 존재하는 한, 귀신 이야기는 늘 사람들의 관심을 끄는 주제일 것이다. 그러나 기가 막힌 것은, 귀신의 존재를 실제로 믿는 사람은 별로 없다는 것이다. 말하자면 인간이 지어낸 상상 속의 존재로 인식되고 있는 것이다. 그렇다면 허구적인 캐릭터인데도 사람들의 관심이 끊이지 않는 이유가 무엇인가? 이 역시 이해가 되지 않는 대목이다. 필자는 귀신이라는 주제에 대해 수도 없이 칼럼을 쓰고, 동영상을 유튜브에 올리고 있다.

물론 필자의 칼럼이나 동영상에 일반 사람들은 별로 관심이 없다. 왜 그런지 아는가? 사람들이 기대하는, 뭔가 스펙타클하고 박진감이 있는 내용이 아니기 때문이다. 말하자면 사람들의 관심을 끄는 재미난 스토리가 없다는 것이다. 사람들의 관심을 끌려면 상상력을 최대한 동원해서 스토리를 지어내야 한다. 그런 것을 잘 해낸 영화나 TV 드라마, 소설이 대중의 입소문을 타서 대박을 터뜨리는 것이다. 그러나 그런 이야기는 전혀 사실이 아니며, 그것을 소비하는 고객들도 사실일 것을 기대하거나 믿지도 않는다. 그저 공상과학영화와 다름없이 소비하며 즐기는 엔터테인먼트에 불과하다.

그러나 필자가 말하는 귀신 이야기는 실제 경험한 사실이다. 소름끼치는 박진감도 없고 스펙타클한 비주얼도 없지만, 중요한 것은 그게 팩트라는 것이다. 그것이 바로 다른 사람들의 귀신 이야기와 필자의 귀신 이야기 사이의 차이점이다. 엔딩 벨이 울리면서 영화가 끝나면 아무리 무서웠던 귀신도 더 이상 무섭지 않게 되지만, 필자가 말하는 진짜 귀신 이야기는 당신의 삶에도 깊숙이 들어와 있는, 두려운 현실인 것이다. 그러므로 필자가 말하는 귀신 이야기가 재미없더라도, 만약 그게 사실이라면 당신은 귀신과 떼려야 뗄 수 없는 관계가 된다는 것이다. 어떤가? 두렵지 아니한가?

당신이 두려워하든 두려워하지 않든 그건 중요하지 않다. 중요한 것은 이게 팩트라는 것이다.


필자가 귀신과 밀접한 관계를 맺게 된 것은 정신분열 환자에게 축출기도를 하면서이다. 말하자면 필자는 처음부터 허구적인 미디어를 통해 귀신을 접한 것이 아니라, 삶의 현장에서 기적적인 사건을 통해서 귀신을 만나게 되었다. 그러므로 우리가 귀신에 대해 관심이 없거나 알고 싶지 않더라도, 이 존재가 우리의 삶에 지대한 영향력을 미치고 있다는 것은 틀림없다. 조선시대에 우리네 선조들이 기생충에 대해 아는 게 없었음에도 기생충은 모든 사람들 안에 잠복해서 그들의 건강과 삶에 지대한 영향을 끼쳤다. 그렇듯이, 당신이 귀신에 대해 무지하더라도 귀신들은 당신의 생명과 영혼에 막대한 영향력을 행사하고 있다. 그보다 더욱 나쁜 소식이 있다. 하나님의 말씀인 성경은 귀신 이야기로 도배되어 있다는 사실이다. 그렇다면 그게 실제가 아니겠는가? 더욱 두려운 것은, 성경에서 실제로 존재한다고 말하고 있지만 당신이 귀신에 대해 아는 바가 없다는 것이다. 만약 기생충이 우리 안에 잠복하면서 영양분을 착취하고 수많은 알을 낳아 번식하고 있는데도, 숙주의 역할을 하고 있는 우리가 그들의 존재와 활동에 대해 전혀 무지하다면 이보다 무서운 일이 또 어디 있겠는가?

예전에 성령께서 필자의 사역은 귀신을 쫓아내고 귀신의 활동성을 알리는 것이라고 말씀해 주셨을 때 무척이나 난감하고 곤혹스러웠다. 그러나 필자의 생각과 상관없이 사역이 열렸고 사람들이 찾아오기 시작했다. 대부분의 사람들은 정신질환과 각종 고질병을 앓고 있는 환자들이었다. 그러나 축출기도를 시작하자 기이한 현상과 증상들이 나타나기 시작했다. 거의 대부분의 정신질환과 상당수의 고질병이 귀신들의 소행이라는 필자의 주장을 증명하는 방법은, 귀신을 쫓아냄으로써 귀신들이 일으킨 정신질환과 고질병을 치유하고 회복시키는 것이다. 정신질환은 완치가 거의 불가능하고, 현대 의학으로도 치유가 불가능한 고질병이 허다하며, 심지어는 원인조차 알 수 없는 질병도 널려 있지 않은가? 하지만 성경을 보라. 예수님과 사도들의 사역의 중심에는 귀신을 쫓아내고 귀신들이 일으킨 정신질환과 고질병

을 치유하며 불구를 회복시키신 일이 있지 않은가? 예수님은 벙어리
되고 귀머거리 되게 하는 원인이 귀신이라고 말씀하셨으며, 동시에
간질병도 귀신이 일으켰다고 콕 집어서 말씀하셨다. 거라사 광인이
정신분열 증세를 보인 것도 수천 마리의 귀신 때문이었고, 불구 증세
를 보이는 여인의 척추협착증도 귀신 때문이라고 밝혔다. 그러나 정
신질환이나 고질병 등이 귀신의 존재를 드러내는 증거는 아니다. 귀
신들은 사람의 머리를 타고 생각을 넣어 주어 대인 관계를 악화시키
고, 부부간에 불화하게 만들어 가정을 깨뜨리며, 각종 사건 사고를
일으켜서 불행에 빠뜨리는 공격을 하고 있다. 그러나 귀신을 쫓아내
면서 빼도 박도 못하는 증거로써 증명해 보여야 이를 믿을 것이다. 필
자가 귀신을 쫓아내면서 귀신들과 피 터지게 싸우는 전쟁터에서 인
생을 보내기 시작한 지도 어언 8년을 넘어섰다. 그동안 귀신이 잠복
한 수백 명의 사람들에게서 귀신을 쫓아내고, 귀신들이 일으킨 정신
질환과 고질병을 치유하며 삶을 회복시키고 영혼을 구원하는 사역을
하고 있다. 그래서 필자는 실제 경험한 사례를 들어 귀신들의 정체와
공격 계략을 밝히고, 귀신들에게 눌려 정신과 육체가 병들고 삶과 영
혼이 피폐해진 사람들을 구해 내어 하나님의 나라로 돌려드리는 사
역의 일환으로 이 책을 집필하게 되었다. 이성적이고 합리적인 사고
방식을 가졌다는 현대인들은, 과학적으로 증명되지 않는 사실들은
받아들이지 않는다. 그들을 대상으로 눈에 보이지 않고 귀에 들리지
않으며 과학적으로 증명되지 않는 귀신의 존재와 공격에 대해 증명하
려면, 놀라운 성령의 능력으로 귀신들을 쫓아내고 정신질환과 고질
병을 치유하며 기적과 이적으로 삶과 영혼을 회복시켜야 한다. 그러

나 개인적인 경험을 중시하는 포스트모더니즘을 표방하는 현대사회가 아닌가. 어쩌면 필자가 그동안 싸워 왔던 귀신과의 경험담을 날카롭게 살펴보고 영적 세계의 실제를 확인하시는 분들이 있어서, 육체의 눈으로 보이는 세상을 다스리고 통치하시는, 보이지 않는 하나님의 존재를 믿게 되고 구원을 얻는 계기가 되었으면 좋겠다.

그것이 바로 이 책을 쓰는 목적이니까 말이다.


충주의 한적한 시골에서

신상태

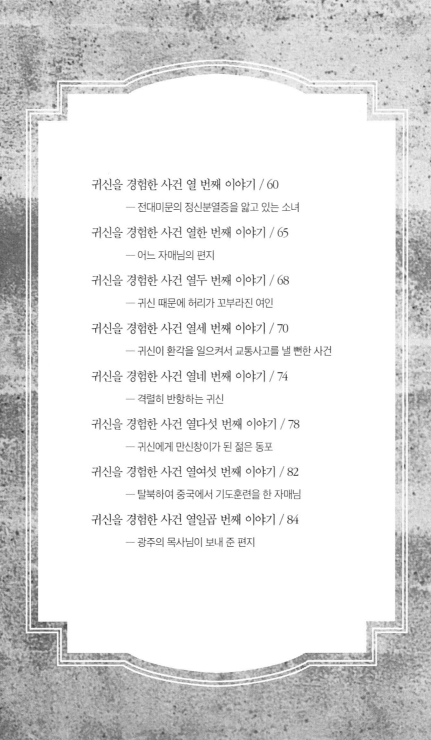

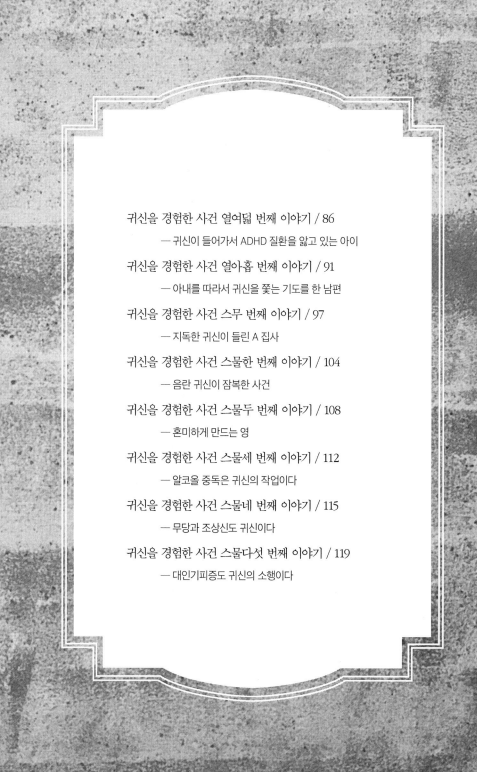

## 제2부 귀신을 어떻게 쫓아낼 것인가?

# 제1부

# 내가 만난 귀신 이야기

# 천사와 귀신을 경험한 사건
## 첫 번째 이야기

    현대 교회는 귀신을 쫓아내는 축출기도를 하지 않는다. 왜 그런지 아는가? 축사를 해도 귀신이 쫓겨 나가지 않으므로, 축사를 포기하고 목회만 하고 있는 것이다. 축사를 해도 귀신이 쫓겨 나가지 않는 무능함을 교인들이 알아챘다면 목회가 어려워지기 때문이다. 성령께서는 필자에게, 요즈음의 목회자들이 귀신 쫓는 일을 하지 않는 이유는 귀신들을 두려워하기 때문이라고 말씀하셨다. 그래서 귀신을 쫓는 능력이 있는 이들조차도 귀신 쫓는 일을 기피하고 있다고 말씀하셨다. 자신의 무능함을 감추고 싶어서 아예 축사를 하지 않든지 아니면 귀신을 두려워해서 기피하든지 간에, 우리네 교회에서 귀신을 쫓는 광경은 사라진 지 오래되었다. 그러고는 거룩한 교회에 귀신이 어떻게 범접하며, 빛인 하나님의 자녀들에게 귀신이 어떻게 잠복할 수 있느냐는 선문답 같은 얘기만 반복하고 있다. 그렇다면 예수님을 찾아와 시험하던 사탄은 무엇이며, 베드로와 가룟 유다에게 자신의 생각을 넣어 주어 속이던 마귀들은 무엇인가? 예수님과 제자들조차 두려워하지 않는 놈들이, 우리네 교회와 교인들을 두려워하며 벌벌 떨고 있다고? 지나가던 개가 배꼽을 잡고 웃을 일이다. 그러나 귀신들은 하나님처럼 영이기 때문에 육안으로 보이지 않으며 과학적으로 증명이 되지 않는다. 그렇기에 크리스천들도 하나님을 모르는 세상 사람들처럼 귀신들의 존재를 무시하며 없는 것처럼 여기고 교회 마당을 밟고 있는 중이다.

하나님이 살아 계신 것을 어떻게 확신하는가? 우리네 교인들은 성경의 내용을 관념적으로 이해하고, 종교적인 의식에 참석하며 희생적인 신앙행위를 통해 자신의 믿음을 증명하고 있다. 그 누구도 기적과 이적으로 자신의 존재감을 드러내는 하나님을 경험하며 살고 있지 않다. 그러면서 자신들은 하나님의 존재를 굳게 믿고 있다고 목소리를 높이고 있다. 그렇다면 귀신의 존재를 믿기는 하는가? 물론 성경에서 언급하고 있기에 귀신의 존재 자체를 부정할 수 없지만, 위에서 말한 것처럼 무시하고 없는 것처럼 여기며 살고 있다. 그럼 사람들이 그들의 존재를 부정하고 무시하면 귀신들이 아무것도 안 하고, 꼼짝도 하지 않는가? 그렇다면 하나님을 부정하는 세상 사람들에게는 하나님도 그들을 어쩌지 못하신다고 말해야 할 것이다. 그러나 귀신의 정체와 공격에는 무지하지만, 하나님에 대해서는 잘 알고 있다고 여기는 이중적인 잣대가 기가 막히다.

필자는 귀신을 쫓아내는 사역을 하면서 수많은 귀신들과 맞닥뜨렸다. 그렇지만 그들을 육안으로 본 적이 한 번도 없다. 하나님을 본 적이 없는 것과 마찬가지로 말이다. 성경은 하나님께서 다양한 방법으로 자신의 뜻을 전하셨다고 기록하고 있다. 물리적인 형태로 눈으로 보고 귀로 듣게 한 방법이 바로 천사를 통해 말씀하신 것이다. 천사는 '하나님의 사자(使者)'라는 뜻으로, 영어로는 'messenger'로서 심부름꾼을 말한다. 즉, 하나님이 물리적인 형태로 역사하는 방법은 천사를 통해 명령을 전달하는 것이다. 구약시대의 위인들은 천사의 방문을 받았다. 아브라함이나 조카 롯 혹은 삼손의 부부들도 천사의 방문을 받고 하나님의 명령을 전달받았다. 천사들이 인간의 모습으로 나타난 것은 물론이다. 필자 역시 두어 번 천사의 방문을 받았다. 천사를 눈으로 본 것은 아니고, 사람의 입을 통해 하나님의 명령을 전달받았다. 천사임을 안 것은, 천사 본인이 자신의 신분을 밝혔기 때문이다. 그 뒤로 거의 매일 성령의 말씀을 영음으로 들었는데, 그때는 자신의 신분을 따로 밝히지 않았다. 자신의 호칭도 삼위일체의 하나님의 호칭을 번갈아 쓰거나, 1인칭('나', '내가' 등)으로 말씀하시는 경우도 있었다. 천사가 사람의 입을 통해 말하는 걸 듣는 것은 기이한 일이었다. 천사의 방문 때는 기적적인 사건을 동반했던 게 기억에 남는다. 맨 처음 방문 시에는 아내의 입을 통해 말을 했다. 그런데 말을 하기 전 다리 관절을 전혀 움직이지 않고 원판 위에 앉은 것처럼 몸을 돌려 필자를 바라보았던 동작은, 지금 생각해도 기이하다.

그러나 천사만 이런 능력을 가진 것은 아니다. 귀신들도 사람의 입을 통해 속이는 경우가 허다하다. 왜냐면 귀신들은 타락한 천사의 신분이기 때문이다. 귀신이 사람의 입을 통해 말하는 걸 본 경험은 적지 않다. 잊을 수 없는 사건은 H 형제님을 통해서였다. H 형제님에게는 귀신이 잠복해 있었다. 형제님은 귀신에게 뇌는 물론 운동기관까지 장악당해 조종당하고 있었다. 당연히 귀신이 하는 말과 본인 스스로 하는 말은 내용이 달랐으며, 귀신이 말한 후 나중에 H 형제님이 자그마한 목소리로, 자신이 한 말이 아니라고 정정까지 해 주는 해프닝도 여러 번 있었다. 귀신이 H 형제님을 통해 한 말에는 기이한 내용이 많았다. 귀신이 H 형제님을 꼭두각시처럼 조종하면서 자신의 능력을 과시하기도 했다. 그러나 대부분의 귀신들은 사람의 입을 통해 말하지 않는다. 환청으로 귀에 음성을 넣어 주거나 미혹의 영처럼 생각을 속여서 넣어 주는 일이 대부분이다.

당신이 이렇게 구체적이고 물리적인 방법을 통해 천사와 귀신을 경험했다면, 귀신을 무시하면서 없는 것처럼 여기고 살 수 있을까? 그렇다면 왜 당신이 귀신을 경험하지 못하는지 아는가? 귀신은 영이기 때문에 육신의 눈으로 보이지 않는다. 눈으로 보았다는 이들은 죄다 귀신에게 속아서 환각을 본 사람이다. 귀신들은 시신경이나 망막을 조작해서 마치 물체가 있는 것처럼 보이게 하는 데 능수능란하다. 귀신을 보았다거나 귀신의 소리를 들었다고 주장하는 사람들에게는 귀신이 잠복하고 있는 것이라고 보면 틀림없다. 귀신이 하는 일은 사람에게 죄의 덫을 놓고 죄에 걸려 넘어지게 만들어서, 불행과 고통을 주어 생명과 영혼을 사냥하는 것이다. 그중에서 가장 눈에 띄는 공격이, 몸에 잠복해서 정신질환과 고질병에 걸리게 하는 것이다. 그러나 우리네 교회는 귀신을 쫓아내는 사역을 하지 않으므로, 교인들은 물론 목회자들 중에도 세상 사람과 진배없이 정신질환과 고질병환자들이 널려 있다. 그러므로 당신이 귀신의 정체와 공격을 체험하는 것은, 성령의 능력으로 귀신을 쫓아내고 귀신들이 일으킨 정신질환과 고질병을 치유하는 사역이 그 시작이다. 그러나 관념적이고 사변적인 성경 지식을 이해하여 머리에 저장하고 종교의식에 참석하고 신앙행위를 반복하고 있다면, 평생 귀신의 정체와 공격에 무지한 채, 그들의 포로가 되어 고통스럽게 살다가 지옥 불에 던져지게 될 것이다. 필자의 사역은 귀신과 피 터지게 싸우는 전쟁터의 중심에 있다. 귀신을 쫓아내는 일은 정신질환과 고질병을 치유하고, 귀신들이 일으킨 각종 불행한 삶에서 회복시키는 것으로 증명해야 한다. 그러한 현실은 모른 채 여전히 관념적인 하나님에 대한 지식을 이해하는 것으로 하나님을 잘 안다고 여기는 종교인들이 거의 대부분인 우리네 교회가, 안타깝고 불쌍하기 짝이 없다.

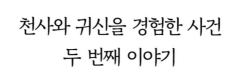

# 천사와 귀신을 경험한 사건
# 두 번째 이야기

필자가 유튜브 채널에 올린 천사와 귀신을 체험한 동영상이 진짜가 아니라 허구라고 댓글을 다신 분이 있었다. 물론 이성적이고 합리적이고 과학적으로 증명된 것만을 받아들이는 현시대에서, 천사나 귀신을 경험했다는 필자의 이야기를 믿을 수 없다고 주장하는 것을 이해한다. 필자도 직접 체험하기 전에는 이런 이야기를 한 적이 없었다. 그러나 사실 영성학교를 교회공동체로 섬기고 있는 150여 명의 식구들은 수백 번의 기적을 체험했기에, 필자가 그동안 1,000번이 넘는 기적을 체험했다는 말을 의심하지 않는다. 물론 영적인 세계와 영적 존재를 믿지 않는 세상 사람들이야 그렇다 치고, 교회를 다닌다고 하는 기독교인들은 영적 존재인 하나님과 천사 그리고 사탄과 귀신들의 존재와 활동을 기록하고 있는 성경을 인정하지 않을 수 없을 것이다. 말이 나왔으니 말이지, 성경은 창세기 첫 장부터 요한계시록 마지막 장까지 기적과 이적으로 도배하다시피 하고 있는 책이다. 그러므로 필자가 천사와 귀신을 체험했다고 해서 비성경적이라고 몰아붙일 수 없을 것이다. 문제는 자신들이 한 번도 경험하지 못했다는 것이다. 또한 이성적이고 합리적인 사고방식으로 성경을 가르치고 희생적인 종교행위만을 행하는 이 시대의 우리네 교회에서는 그 사실을 인정하지 않는 분위기라는 것을 모르는 바가 아니다. 그래서 오늘은 필자가 천사와 귀신을 체험했다는 주장을 증명하는 사실을 덧붙이겠다.

필자가 사역을 하기 오래전에 귀신을 경험한 사건은 실로 기이했다. 필자의 친척은 아주 여성스런 목소리를 가진 분이었는데, 갑자기 중성의 목소리가 툭 튀어나오더니 자신이 가브리엘 천사라고 주장하는 것이었다. 그러나 누가 그 이야기를 믿겠는가? 당시 필자의 식구들이 여러 명 함께 있었다. 그 여성은 장난을 치려고 사람을 속이는 사건을 꾸미는 유형의 사람이 전혀 아니었다. 그런데 그 중성의 목소리는 내 생각을 집어내어 말하기 시작했다. 그래서 내 생각을 족집게처럼 집어내어 말하는 이 중성의 목소리가 가브리엘 천사라는 것을 믿지 않을 수가 없었다. 그러나 이후의 지시 사항은 거룩한 하나님의 종인 천사가 지시할 만한 유형의 내용이 아니었다. 가족들에게 힘들고 기이한 동작을 하도록 시키는 것이었다. 그래서 필자는 이 목소리가 천사가 아니라 혹시 귀신일지 모른다고, 그러니 내가 알지 못하는 것을 물어보고 확인해야겠다고 생각했다. 당시 필자의 식구들은 장모님의 임종을 앞두고 있어, 다음 날 아침 내려가는 울산행 비행기를 예약한 참이었다. 그래서 그 목소리의 주인공에게 그 비행기의 편명을 물어보았다. 대답을 듣고는 ARS 전화로 항공사에 확인해 보았다. 그랬더니 틀린 게 아닌가? 다시 물어보았다. 그랬더니 또 틀렸다. 그래서 필자는 그 목소리의 주인공이 천사가 아닌 귀신임을 알아채고 쫓아 버렸다. 그랬더니 다시 원래의 여성스런 목소리로 되돌아왔다. 그래서 어떻게 된 거냐고 물어보니까, 어떤 영이 자신의 성대를 장악하고 자신의 의도와 상관없이 말을 한 거라는 대답이 돌아왔다. 그때의 사건은 벌써 30년이 넘은 과거의 일이다. 필자는 그 사건을 경험한 이후로 섬뜩하여져서 평생 귀신을 조우하고 싶지 않았다.

그렇게 오랜 시간이 지나, 지금으로부터 10여 년 전. 필자가 경험한 두 번째 사건 때는 천사가 자신이 하나님의 사자라며 신분을 밝혔다. 이때도 아내의 목소리가 아니라 느릿느릿한 중성의 목소리였다. 앞서 이야기한 대로 필자는 아내와 나란히 앉아 있었는데, 갑자기 아내가 관절을 구부리지 않고 원판에 앉아서 도는 것처럼 필자 쪽으로 천천히 돌아서 바라보는 기이한 장면을 보여 주었다. 그때 아내의 입을 통해 천사가 말한 예언의 내용은 필자의 책인 『영적 전쟁의 전투 교범』에서 자세히 밝혔으며, 사역이 열린 후에 대부분 성취되었다. 말하자면 영적 존재가 아니면 도저히 할 수 없는 기이한 동작과 더불어 그때 말한 예언의 내용이 현재 성취된 것을 근거로, 아내의 입을 통해 자신의 신분을 밝힌 존재를 하나님의 사자인 천사라고 말하는 것이다. 이후에도 자신의 신분을 천사라고 밝힌 영적 존재를 경험하였다. 그렇게 필자 부부는 영음을 통해 성령이 하시는 예언의 말씀을 오래 들어 왔다. 그 내용은 성령께서 필자에게 기록하고 선포하라는 명령에 의해, 『예언 노트』라는 책으로 출판했으므로, 과연 이 책의 내용이 성경적인지 또는 예언대로 성취가 되었는지 확인하시기 바란다.

귀신이 자신의 존재감을 드러내는 것 역시, 기적과 이적 같은 기이하고 신비스러운 사건을 통해서이다. 필자는 지금까지 수백 명이 넘는 사람들에게서 귀신을 쫓아내면서, 귀신들이 일으킨 정신질환과 고질병을 치유하고 갖가지 불행의 늪에 빠져 허우적대는 사람들의 삶과 영혼을 건져 주었다. 영성학교가 문을 연 지 7년 차가 되었고 기적과 이적을 경험한 사람들 중 적지 않은 이들이 영성학교 공동체 식구들이 되었으므로, 영성학교에 오면 이들의 입을 통해 필자의 주장을 확인할 수 있다. 말하자면 필자의 주장은 말로 때우는 것이 아니라 성령의 증거와 변화, 능력과 열매로 증명하고 있다. 귀신의 신비한 능력은 눈으로 보아도 믿기 어려울 정도이다. 그중에서 몇 가지를 말씀드리겠다. 필자가 귀신을 쫓아낼 때, 혀를 날름거리면서 길게 빼고는 돌돌 말아 다시 입에 집어넣는 것을 보았다. 사람의 혀가 그렇게 길게 나오는 것도 신기했지만, 돌돌 말아서 집어넣는 것은 정말이지 눈으로 보지 않으면 믿지 못할 것이다. 더욱 기이한 것은 그다음에 일어났다. 머리를 팽이처럼 빨리 돌리는 모습이다. 이는 목뼈가 부러지지 않으면 도저히 할 수 없는 동작이다. 영성학교에 오면 이런 현상은 수도 없이 목격할 수 있다. 7살의 어린 아이가 얼마나 힘이 센지 어른 4명이 각각 팔과 다리를 잡고 있어도 그 힘을 감당하지 못한다. 70이 넘은 할머니가 누웠다가 순식간에 윗몸을 벌떡 일으키는 동작을 반복적으로 하는데, 한 시간을 넘게 해도 전혀 지치지 않는다. 이 동작은 너무 힘들어서 젊은이들조차 10분도 하기 어렵다. 그러나 귀신이 잠복해 있는 사람은 상상을 초월하는 능력이 있다. 또 다른 예는 의자에 앉아 있다가 체조 선수처럼 폴짝 뛰어서 다른 의자에 앉는 동작인데, 이는 거의 묘기에 가깝다. 그중에 압권의 사건은 미래에 일어날 일을 말하고 나서 이를 실행하는 것이다. 예전에 성령이라고 필자를 속인 귀신이 예언을 했는데, 다음 날 아침 8시에 특정한 사람이 전화를 해서 거액을 후원할 것이라는 내용이었다. 그래서 필자 부부가 8시에 전화기 앞에서 기다렸더니, 정확히 그 시간에 특정한 사람으로부터 전화가 왔다. 이 사람은 평소에 필자 부부에게 전화를 자주 하지 않았을 뿐 아니라 더욱이 아침 일찍 전화를 하는 사람이 아니었다. 그런데 문제는, 전화를 하기는 했어도 귀신이 말한 큰돈을 후원하겠다는 말을 꺼내지 않았다는 점이다. 그래서 필자는 그 영은 성령이 아니었고, 우리가 귀신에게 속았다는 것을 깨달았다. 당시 성령께서는 밤 12시쯤마다 말씀을 해 주시고 있었다. 그래서 그때를 기다려 영음을 넣어 주는 영을 예수 이름으로 쫓아내었다. 그랬더니 이 귀신이 도리어 필자 부부를 공격하여 2, 3일 동안 멍한 상태로 정신이 장악된 끔찍한 일을 겪은 적도 있었다. 나중에 성령께서는 필자 부부를 구해 주고 나서, "10년 동안 훈련시켰는데 너희들을 잃어버릴 뻔했다"고 말씀하셨다. 그때 비로소 영적 능력이 부족한 상태에서 마귀급의 귀신과 싸우는 일이 얼마나 위태로운 것인지 깨달을 수가 있었다. 그 일이 있고 나서 필자는 더욱 기도의 내공을 쌓는 데 심혈을 기울였다. 그 후에 성령께서 사역 장소를 마련해 주시고 양들을 보내 줄 것이라고 말씀을 하셨다. 그로부터 몇 달 뒤에 충주에 사는 전혀 모르는 사람이 전화를 걸어 와 살고 있는 집을 무료로 제공해 주겠다고 하여서, 그 집을 영성학교로 삼아 사역을 시작하였다. 1년 후에 여러 기적과 이적으로 1,200평의 너른 땅을 사고 큰 건물을 지어 영성학교 사역을 진행하는 중이다. 이렇게 필자는 천사와 귀신의 경험을 말이 아니라, 기적과 이적으로 증명하는 중이다.

# 귀신을 경험한 사건
# 세 번째 이야기

　필자가 귀신을 경험한 사건을 말씀드리는 이유는, 그동안 사람들이 가져 온 귀신에 대한 잘못된 편견을 바로잡기 위함이며, 귀신에 대해 무지해서 속수무책으로 당하고 있는 크리스천들에게 이들의 무시무시한 실체를 알리기 위함이다. 그동안 필자는 귀신이 잠복한 수백 명이 넘는 사람들에게서 귀신을 쫓아내고, 귀신들이 일으킨 정신질환과 고질병을 치유하는 사역을 하고 있다. 귀신이 잠복해서 정신질환과 고질병, 장애, 갖가지 삶의 불행에 빠진 사람들이 지금도 영성학교의 문을 두드리고 있다. 물론 거의 대부분의 사람들은 필자의 주장을 믿지 못할 것이다. 그 이유는 이성적이고 합리적이며 과학적으로 증명이 되지 않는 사실을 받아들이는 게 쉽지 않기 때문이다. 물론 필자도 영적 세계나 영적 존재에 대해 무지한 크리스천들에게 이 사실을 알리려는 목적도 있지만, 삶의 불행에 빠져 고통받고 있는 하나님의 백성에게 행복과 기쁨을 되찾을 수 있는 기회를 드리고 싶기 때문이기도 하다. 오늘은 필자가 충주에서 영성학교를 시작하기 전에, 성령께서 3년 동안 귀신을 쫓아내는 훈련을 시킬 때에 경험한 기이한 사건에 대해 말씀드리겠다.

그러니까 이 사건은 벌써 10여 년 전의 이야기이다. 당시 성령께서는 매일 필자 부부에게 말씀을 해 주셨다. 그러던 어느 날, 필자의 지인 중 한 분이 정신분열 증세가 있다는 소식이 들렸다. 정신이 멀쩡한 사람이었는데 갑자기 제정신이 아니게 됐다는 것이다. 말하자면 미친 사람처럼 행동하기 시작했다는 것. 아파트 베란다에서 집기를 집어 던지고, 심지어는 애완용 토끼를 집어 던지는 끔찍한 일도 벌였다. 그 애완용 토끼는 지인의 딸이 동생처럼 아끼며 기르고 있었는데 말이다. 평소에 그 지인의 성품으로 보면 절대로 하지 않을 행동이었다. 그뿐만이 아니다. 하루 종일 횡설수설 알아듣지 못할 말을 하면서 돌아다녔다. 심지어는 달리는 택시에서 문을 열고 뛰어내리려고 하는 바람에 놀란 택시 기사가 가슴을 쓸어내리는 사건도 발생했다. 그때 머리를 다쳐서 커다란 상처가 나기도 했다. 그뿐만이 아니다. 그분이 사는 아파트는 기차 철로 옆이었는데, 길을 가다가 갑자기 달리는 기차에 뛰어들려고 해서 이를 목격한 사람들을 경악하게 했다. 그 중에서도 압권은 밤에 잠을 자지 않고 아파트 주변을 배회하는 것이었다. 깜깜한 밤에 소리 없이 어떤 여자가 아파트를 돌아다니고 있다면 주민들이 얼마나 놀랄지 생각해 보라. 당연히 주민들이 경찰에 여러 번 신고를 해서 그때마다 경찰이 찾아왔다. 그러나 밤에 잠을 자지 않고 돌아다니는 게 무슨 범죄는 아니기 때문에 경찰은 그분을 집에 데려다주고 돌아가곤 했다. 하지만 한두 번도 아니고, 밤마다 나와서 돌아다녔기 때문에 주민들이 불안과 공포에 시달리고 있었다. 그러자 그분의 남편은 할 수 없이 아내를 데리고 병원을 찾을 수밖에 없었다. 그때 그 남편이 필자에게 전화를 해서 병원에 동행해줄 수 있냐고 물었다. 그래서 필자는 근처의 종합병원으로 가는 길에 동행하기로 했다. 그분의 검진을 맡은 정신과 의사는 한마디로 중증이라고 말했다. 그도 그럴 것이, 대화도 되지 않고 혼자서 횡설수설하고 있었기 때문이다. 의사는 그분을 정신병원에 격리시켜서 치료를 해야 하며 10년 이상의 시간이 걸릴 것이라고 말했다. 문제는 병원비였다. 하루에 10만 원 이상의 병원비가 필요했다. 말하자면 1개월에 300만 원이라는 엄청난 비용을 들여야 정신병원에 입원할 수 있다고 했다. 그러나 그 부부는 임대아파트에 살면서 겨우 입에 풀칠을 하는 곤궁한 형편이었다. 그래서 씁쓸히 발길을 돌리고 집으로 돌아올 수밖에 없었다. 그때 갑자기 필자의 머리에 불쑥 들어오는 생각이 있었다. 그 지인이 말하는 내용이었다. 그 지인은 황당한 얘기를 줄줄이 늘어놓고 있어서 무엇을 말하는지 알 수는 없었지만, 어떤 스토리를 가지고 말하는 것만은 분명했다. 그러나 정신분열이 되어서 미친 상황이라면 특정한 스토리의 이야기를 할 수는 없지 않은가? 그냥 하루 종일 히죽히죽 웃고 다니거나, 아무도 알 수 없는 음절만을 반복해서 말하지 않는가? 그런데 필자의 눈으로 보기에는, 황당한 말이기는 해도 어떤 스토리를 가지고 말하는 것이 분명했다. 그러나 당시 필자는 귀신의 공격이나 증세에 대해 자세히 알지도 못하였고 귀신을 쫓아낸 적도 없었다. 귀신을 쫓는 현장에 가서 구경을 한 적도 없었다. 그러나 혹시 그 지인의 문제가 정신이 분열되거나 미친 것이 아니라 귀신의 공격 때문일지도 모른다는 생각이 들었다. 그래서 필자는 지인의 남편에게 필자가 그분을 데리고 가서 기도해도 되겠느냐고 제안을 하였더니, 특별한 방법이 없던 터라 그는 흔쾌히 수락을 해 주었다. 그래서 그 길로 그 지인을 필자가 사는 아파트로 데리고 왔다. 그런데 문제는 그분이 밤새도록 잠을 자지 않는다는 거였다. 눈동자를 보면 초점이 없어서, 마치 눈알이 움직이지 않는 물고기 눈처럼 섬뜩하게 보였다. 당시 필자는 아내와 아파트에서 단둘이 살고 있었다. 우리 부부가 잠을 잘 때 그분이 무슨 사고를 칠지 몰라서 필자는 아내와 교대로 잠을 자고, 깨어 있는 사람이 동태를 살폈다. 또한 집 안에서 흉기가 될 만한 칼이나 가위 등은 찾기 힘든 곳에 숨겨 놓기도 했다. 그래도 그분이 우리에게 낯선 사람이 아니라는 점이 그나마 다행이라면 다행이었다. 어쨌든 필자가 할 수 있는 것이라고는 귀신을 쫓아내는 기도를 하는 일뿐이었다. 지금이야 수백 명의 사람들에게서 귀신을 쫓아내는 사역의 경험이 있어 이런 일이 아무것도 아니겠지만, 당시에 필자는 귀신을 쫓아내는 기도를 한 번도 한 적이 없어서 무척이나 낯설었다. 그러나 그분이 불쌍하고 그 가정이 너무도 안되었기에 지푸라기라도 잡는 심정으로 아내와 함께 기도를 하기 시작했던 것이다. 기도를 시작하면 몸부림을 쳤기 때문에 아내와 함께 그분을 꽉 붙잡고 기도했던 기억이 난다. 또한 기도를 시작하면, 그동안 자신에게 비난하고 욕하고 학대했던 식구나 친척들을 상대로 욕을 하고 소리를 질러 댔다. 기이한 일이었다. 평소에는 아무 말도 하지 않거나 횡설수설하다가, 귀신을 쫓는 기도를 하면 갑자기 주변 사람이나 가족들을 향해 욕을 하고 비난을 하는 게 참으로 기이했다. 그렇게 필자 부부는 하루에도 몇 번씩 그분을 붙잡고 축출기도를 했다. 그리고 2일이 지나서 아침이 되었는데, 자고 일어나니 그분이 정상으로 돌아와 있었다. 우리 부부는 너무 놀랐다. 그분은 우리 부부에게 왜 자신이 여기에 와 있느냐고 물었다. 참으로 기가 막힌 일이었다. 필자가 어떻게 된 거냐고 물어보았더니, 어떤 영이 자신이 하나님이라고 하면서 자신이 시키는 대로 하면 축복을 해 주고 잘살게 해 주겠다고 해서 그 영이 시키는 대로 했다고 한다. 말하자면 귀신이 머리를 장악하고 속여서 생각을 넣어 주는 대로 행동을 한 것이었다. 이 사건이 필자가 처음으로 귀신을 쫓아낸 사건이었다. 그 뒤로도 귀신이 자주 들어오려고 해서, 필자 부부가 10일 가까이 그분의 집을 방문해서 기도를 해 주곤 했다. 그때 그분이 환상으로 귀신이 기이한 빛처럼 보인다고 말한 것이 특별히 기억난다. 오래전 일이지만, 필자가 처음 귀신을 쫓아내었던 일이기에 지금도 특별히 기억나는 사건이다.

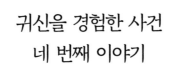

# 귀신을 경험한 사건
# 네 번째 이야기

크리스천들이 진리라고 철석같이 믿고 있는 성경에는 천사와 귀신 이야기가 적지 않게 기록되어 있다. 그러나 우리네 교회는 천사는 물론 귀신들도 체험하지 못한다. 물론 전혀 없는 것은 아니지만 개인적인 경험을 어찌 믿을 수 있겠으며, 더군다나 목회자가 아닌 평신도들의 말이므로 교회 안에서 받아들여지지 않는다. 물론 귀신을 체험했다는 이야기를 죄다 믿으라는 것은 아니다. 그 이야기가 진짜인지 가짜인지 분별해서 선별적으로 받아들여야 하지 않겠는가? 그러나 분별력이 없는 목회자들은 교회 안에서 귀신 이야기가 돌아다니는 것조차 불편해하고 있다. 그러다 보니 교인들이 영적 문맹자가 되어 교회 마당을 밟고 있는 중이다. 필자의 사역은 귀신을 쫓아내고 귀신들이 일으킨 정신질환과 고질병을 치유하면서 기도훈련을 하는 것이기 때문에, 영성학교에 오면 어린아이들도 귀신 이야기를 입에 달고 있는 실정이다. 그래서 귀신 이야기가 진짜인지 아닌지 분별하는 팁을 말씀드리겠다.

첫째 성경적이어야 한다. 말하자면 성경의 잣대로 재야 한다는 뜻이다. 그러나 성경의 잣대로 잴 수 없는 사건이 수도 없이 많다. 그렇다면 귀신 이야기를 하는 사람이 성령의 증거나 변화, 능력과 열매가 있는지를 살펴보면 된다. 아니라면 그냥 웃어넘기시기 바란다. 진짜인지 아닌지 분별할 수 없는 이야기를 가지고 골머리를 싸매고 있다는 것이 웃기는 일이기 때문이다.

필자가 사역이 열리기 전에, 대전의 원룸에서 성령으로부터 훈련을 받던 시절의 이야기를 말씀드리겠다. 필자가 귀신을 쫓아내고 정신질환을 치유한다는 소문이 나자, 알음알음 알고 지내던 사람들에게서 정신질환을 치유해 달라는 요청이 들어왔다. 이번 사건도 그중의 하나이다. 필자가 친하게 지내던 지인의 동생 친구가 갑자기 정신분열 증세로 고통받고 있다고 했다. 필자는 아내와 지인 그리고 지인의 동생과 같이 그 집에 가 보았다. 정신분열 증세를 보이는 중년의 남자는 하반신 마비의 장애인이었다. 오래전에 목재공장에 다닐 때 사고가 나서 그렇게 되었다고 했다. 그 남성은 그전에도 가끔씩 정신이 혼미한 경우가 있었는데 이번에는 정도가 심하다고 했다. 교회의 부흥회에 참석했다가 입신(?)을 한 줄을 알았는데, 정신이 깨어나지 않은 지가 1개월이 넘었다고 했다. 문제는 잠을 자지 않는다는 것이었다. 그래서 정신과에서 처방을 받아 수면제를 먹였는데도 끄떡하지 않았다. 하루에 6알까지 먹였는데도 말이다. 6알 이상은 위험하다고 병원에서 말렸다. 보통 불면증 환자들이 하루에 2알 정도 먹는다고 한다.

불면증이 계속된 지 1개월이 넘었다고 했다. 사람이 잠을 자지 않고 1개월을 넘길 수가 없다. 이미 사망했어야 하는 사람이 살아 있다는 것을 믿을 수가 없었다. 참고로 사람이 잠을 자지 않고 최장 기간 버틴 기록이 18일이라고 하는데, 그분은 기네스북 기록을 거뜬히 뛰어넘었으니까 필자가 경이롭게 여기지 않을 수가 없었다.

그분을 처음 본 인상은 괴이쩍고 기이하다는 것이었다. 잠을 자지 않고 있어서 그런지 눈알이 토끼 눈처럼 빨갰고, 끊임없이 중얼거려서 입가에 침이 말라붙어 하였다. 필자는 처음에 그분 입 주변에 흰 수염이 난 줄 알았다. 물론 사람을 알아보지 못했고 휠체어에 앉아서 옹알이를 하고 있었다. 어쨌든 필자가 할 수 있는 일은 귀신을 쫓아내는 축출기도를 하는 것뿐이었다. 성령께서 거의 모든 정신질환은 귀신의 소행이라고 말해 주셨기 때문이다. 예전에는 지금처럼 정신질환자에게 기도해 주고 정신병을 치유한 경험이 그리 많지 않았으므로, 필자의 기도가 과연 효험이 있는지 장담할 수 없었다. 그러나 그분을 만났을 때는 여러 번의 축출기도 경험이 있었다. 그전의 정신질환자들은 축출기도를 시작하자마자 숙면을 하기 시작했으며 매일 20여 분씩 기도해서 대략 2주가 되면 병세가 완연하게 회복되었다. 그러나 이전의 정신질환자들이 대화는 가능했던 것에 반해 그분은 정신이 전혀 없는 중증이라 정신이 번쩍 들었다. 어쨌든 아내와 매일 그분의 집을 찾아가서 약 20분 정도 축출기도를 해 주기 시작했다. 왜 20분이었느냐고? 20분만 해도 무척이나 힘이 들었기 때문이다. 사실 처음에는 5분 기도하는 데도 무척이나 힘이 들었다. 축출기도는 귀신과 피 터지게 싸우는 기도이기 때문에 엄청나게 많은 체력이 소모된다. 귀신들이 격렬하게 반항하며 공격해 오기 때문이다. 마치 씨름 선수들이 서로 샅바를 잡고 꿈쩍하지 않고 있는데도 땀을 비 오듯 흘리는 것과 같다고 보면 틀림없다. 그래서 처음에는 5분 만에 방전되기도 했다. 어쨌든 그때는 나름 영적 능력이 늘어나서 20여 분을 기도할 수 있게 되었다. 그런데 여러 날 기도해도 불면증이 사라지지 않고 있다고 했다. 기도하자마자 잠을 자야 하는데 말이다. 그래서 아침이면 그분의 아내에게 잠을 잤느냐면서 전화로 확인해 보곤 했다. 그분이 잠을 자기 시작한 것은 거의 1주일이 다 되어서였다. 그분은 여러 면에서 기억에 많이 남는다. 처음 축출기도를 할 때 뭔가 이상해서 눈을 떴는데 그분이 히죽히죽 웃고 있었다. 참 기이하고 섬뜩한 기분을 지울 수가 없었다. 그래서 성령께 물어보았다. 그랬더니 웃는 귀신이라고 말씀해 주셨다. 다른 귀신들은 소리를 지르고 뻗대고 하면서 고통스런 반응을 보이는데, 그놈은 웃고 있으니 힘이 쭉 빠졌다. 이처럼 그놈은 영적 능력이 막강한 놈이었다. 또 다른 사건은 지금 생각해도 섬뜩하다. 그분은 흡연자였는데, 기도가 끝나면 주방에 들어가 담배를 피웠다. 어찌하다 그분과 눈을 마주쳤는데 담뱃불로 손바닥을 지지면서 히죽 웃고 있었다. 담뱃불의 온도는 3,000도가 넘는다. 그런데 조폭들도 실제로 하기 어려울, 손바닥을 뜨거운 담뱃불로 지지는 광경에 벌어진 입이 다물어지지 않았다. 말하자면 그것은 필자에게 공포를 주어, 기도할 생각이 싹 가시게 하기 위해서였다. 담뱃불로 손바닥을 지지는 행위는 그 뒤에도 한 번 더 했다. 또 다른 사건은, 기도할 때는 조용히 있다가 기도가 끝난 뒤 난폭해져서 집기를 집어 던지고 소리를 지른 것이었다. 물론 필자가 다가서면 조용해지곤 했지만, 아내가 말리면 더 난폭해지곤 하였다. 이렇게 그때의 축출 기도는 귀신과 피 터지게 싸우는 시간들이었다. 어쨌든 시간이 흘러 갔다. 다른 사람이 2주 걸려 끝났다면, 그분은 시간이 몇 배로 더 걸렸다. 1개월이 넘어서야 겨우 정신이 조금씩 돌아오기 시작했다. 그러나 정신이 돌아오긴 했는데 기도할 생각이 전혀 없었다. 자신에게 말하는 영이 귀신이 아닌 하나님이라고 철석같이 믿고 있었다. 그래서 하루 종일 중얼중얼한 게, 하나님이라고 속인 귀신과 끊임없이 이야기하는 중이었다는 것을 알게 되었다. 다른 환자들은 정신이 멀쩡해서 축출기도를 해 주면 자신들도 전심으로 "예수피"를 외치며 귀신을 쫓아내는 기도를 했기에 오래 걸리지 않았지만, 그분은 전혀 기도를 하지 않기에 필자의 축출기도만의 힘으로 진도가 나가는 형국이었다. 그러나 시작한 일이니까 끝을 내야 하지 않겠는가? 그렇게 2개월이 지나도 아주 조금씩 나아질 뿐이었다. 말하자면 정신이 돌아와 있는 시간이 조금 길어지고 있을 뿐이지 완전하게 돌아오지는 않았다. 매일 그 집에 방문해서 기도하는 날이 2개월이 지나면서 필자도 지쳐 가기 시작했다. 그러나 끝을 내야 하니까 젖 먹던 힘을 다해 기도를 하였다. 그렇게 3개월이 다 되어 갈 무렵에서야 그 전쟁은 끝이 났다. 필자의 사역이 열리기 전에 가장 힘들었던 영적 전쟁이었다.

## 귀신을 경험한 사건 다섯 번째 이야기
### — 귀신이 직접 말을 하는 자매님

**저녁기도:** 낮에 기도할 때부터 오른쪽 가슴을 잡고 "내 집, 내 집" 하고 뜨겁다고 발버둥을 칩니다. 뱀 소리는 여전합니다.

**오전기도:** 초반에 괜찮다가 마구 요동을 치며 발악을 합니다. 강도가 그래도 약간은 줄긴 했는데 충주에서도 계속 난리를 치다가 또 어떤 때는 뱀 소리 몇 번 내고 아무 반응 없다가 토요일 기도 시간부터 자기들끼리 "못 버티겠다, 쟤 좀 막아라" 하면서 제 입을 통해 얘기를 합니다.

**오전기도:** 몸이 너무 아파서 늦게 일어났습니다. 가슴 전체가 뼈가 부서진 듯 엄청 아프고 몸살이 심합니다. 저번 주부터 감기 몸살이 계속 괴롭히고 있습니다. 이번에는 크게 비명 지르는 거랑 기침 구역질은 좀 수그러들긴 했는데 저한테 욕을 엄청합니다. 죽이고 싶다고 저주하고, 제 입을 통해서 "얘들아, 짐 싸 들고 가자" 그러고 또 "어딜 가냐, 못 간다" 그러고 안에서 자기네끼리 싸웁니다. 성경 말씀은 베드로후서 1장부터 3장까지 모두 읽었습니다. 악한 영들이 잠복해 있어서 힘들긴 하지만, 이를 통해 하나님이 정말 살아

계시다는 것과, 지옥이 얼마나 무서운 곳이고 가지 말아야 하는 곳인지, 귀신들이 얼마나 하나님을 무서워하는지 몸으로 체험 중입니다. 기도 중에 하나님 오시기 전에 빨리 떠나야한다고 떠들기도 합니다.

**저녁기도:** 이번에는 반응이 계속 저를 저주하며 욕을 해 댑니다. 지옥에 끌고 가려고 했다고 그러기도 하고, 내가 지금 나가도 기회 봐서 또 올 거라고 그런 말도 합니다.

**오전기도:** 새벽에 아파서 잠결에 몸에 힘주고 하나님 부르니 뱀 소리가 "쉬잇" 하는 게 한참이 나왔습니다. 가슴이 아파서 잘 일어나지도 못합니다. 기도 시작하려고 앉자마자 욕이 튀어나오더니 저보고 죽으라고 저주를 합니다. 이 땅에 살아서 뭐 하냐고, 계속 죽으라고, 살 가치도 없다고, 그러다가 죽였어야 했다고 저를 엄청 저주합니다. 이놈의 집구석 망치려고 왔는데 못 버티겠다고, 어떻게든 저를 막으라고 지들끼리 모의를 합니다. 성경 말씀은 야고보서 1장부터 5장까지 모두 읽었습니다. 제가 오늘 오전에 기도할 때 저보고 살 가치가 없다는 등 저를 저주하는 말을 많이 내뱉게 했는데, 살아오면서 힘들 때마다 평소 혼잣말로 많이 했던 걸 똑같이 하는 걸 보고 깜짝 놀랐습니다. 제가 그만큼 악한 영들에게 사로잡혀 내 생각인 줄 받아서, 입으로 생각으로 죄를 엄청 지었습니다. 자살을 선택한 가룟 유다가 끝까지 악한 영들에게 속임을 당하고 지옥으로 끌려간 게 이런 것들 때문이구나 싶었습니다.

**저녁기도:** 가슴 통증이 많이 줄어서 저녁기도는 덜 힘들었습니다. 구역질, 기침 이런 건 많이 줄었는데, 이번 주는 기도하면서 제 입으로 엄청 떠들고 욕과 저주의 말을 하고 있습니다. "내가 주인인데 왜 날 버리냐"고, "넌 내 거"라고, "얼마나 공들이고 오래 있었는데 날 버린다"고 발악이 심합니다. 뱀 소리는

심할 땐 여전히 연속으로 나오고 있습니다.

위의 내용은 필자에게 기도코칭을 받는 훈련생이 보낸 리포트의 일부이다. 이 훈련생이 처음부터 귀신이 잠복해 있는 것을 알고 기도훈련을 받은 것은 아니다. 기도하다 보니 잠복해 있는 귀신들이 드러나, 축출기도를 하면서 엄청나게 많은 귀신들이 나오고 있는 중이다. 필자가 이 훈련생의 리포트를 올려 드린 이유는, 귀신이 관념적인 존재가 아니고 실제 존재한다는 것을 보여 드리고 싶어서이다. 이 훈련생이 필자에게 찾아오기 전에는 교회에 열심히 다녔었다. 그러나 아무리 열심히 교회에 다니고 신앙생활을 하더라도 잠복해 있던 귀신들이 나가는 것은 아니다. 아마 이 훈련생이 이대로 살다 이 땅을 떠났다면 100% 지옥행이었을 것이다. 그런데도 사람들은, '영접기도와 주일성수만 하면 천국은 따 놓은 당상'이라고? 기가 막히고 어처구니가 없는 일이다.

목사님, 첫째는 기도할 때 여전히 설사하고, 배에서 하수구 소리가 나고, 가슴은 점점 더 답답해합니다. 어떨 때는 힘도 끝까지 주지 못합니다. 둘째는 숨이 막혀서 헉헉거리고, 셋째는 여전히 고열에 시달리며 늘어져 있습니다. 병원에서는 열날 만한 이유가 없다고 합니다.

위의 내용은 어린 자녀들에게 기도훈련을 시키는 자매님의 카톡 내용이다. 이 자매님의 자녀들은 그동안 영성학교의 예배에 참석하며 축출기도 시간에 뒤에 앉아 있었다. 그러나 최근 악한 영들이 드러나는 증세가 두드러지자, 필자 옆에 와서 축출기도를 받게 했다. 그러자 귀신들이 어린 자녀들의 몸을 고통스럽게 하고 있는 중이다. 이 자녀들 안에도 귀신들이 잠복해 있었는데, 어린지라 전심으로 기도하지 않아서 그 정체가 드러나지 않다가, 최근에서야 비로소 귀신들이 괴로워서 정체를 드러내고 공격을 하고 있는 중이다. 대부분의 크리스천들은, 영접기도를 하고 주일성수를 하고 있는 하나님의 자녀를 어떻게 귀신들이 공격하느냐고 말한다. 물론 성령이 내주하고 있는 사람이라면 귀신들이 잠복해 있지 않을 것이다. 그러나 성경 어느 곳에, 교회 마당만 밟으면 성령이 내주하는 자녀인 것이라 말하고 있는가? 그러나 귀신들이 정체를 감추고 드러내지 않고 숨어서 공격하고 있으니, 귀신에게 깜빡 속을 수밖에 없다. 그래도 필자의 말을 못 믿겠으면, 충주 영성학교 축출기도 시간에 참석해 보시라. 어린 아이에서부터 어른에 이르기까지, 귀신이 잠복해 있는 사람들이 괴성을 지르고 몸을 비틀면서 귀신들이 나가는 현상을 목격할 수 있다. 그러나 이 사람들도 하나님을 부르는 기도훈련을 하기 전에는, 귀신들이 자신에게 잠복해 있는 걸 전혀 눈치채지 못했다.

당신에게 귀신이 잠복해 있는지 알 수 있는 리트머스시험지가 있다. 하나님의 이름을 전심으로 불러 보시라. 적어도 1개월 동안 배를 쥐어짜고 전심으로 불러야 할 것이다. 그랬을 때 기침과 가래, 침, 구토, 헛구역질, 트림, 방귀, 하품, 복통, 설사 등의 증상이 나타나면, 생리적인 현상인지 기도할 때만의 특별한 증상인지 분별해 보시라. 만약 기도할 때만의 증상이라면 약한 귀신들이 도망치는 현상이다. 그렇다면 더 센 놈들이 숨어 있다는 증거이다. 그놈들은 머리를 어지럽게 하고 아프게 하며, 몸의 곳곳을 가렵게 하거나 아프게 하고 고통스럽게 할 것이다.

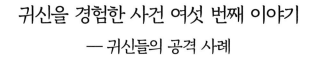
**오전기도:** 기도 중 뱀 소리는 여전하고 욕은 좀 줄었고, 죽으라는 등 저주의 말은 이제 안 하고, "안 돼, 못 버티겠다" 이런 말은 종종 합니다.

**오후기도:** 기도 중 이번에는 "카악카악" 하며 "약해 빠진 것들" 어쩌고 하는데 뱀이 밑에서 가슴으로 올라오는 그런 느낌이 들었습니다.

**오전기도:** 기도 중 "카악" 하는 소리가 수요일 이후 충주에서도 가끔 나옵니다. 축출 기도 때도 "카악" 하면서 못 나간다고 소리치고, 막으라고 발악하고 그랬습니다. 예수피 할 때 입술을 쉬릭쉬릭 빠르게 소리 내며 방해하고, 오른쪽 아랫배가 기도 중 가끔 아팠는데, 축출기도 때는 본격적으로 지목하면서 "내 집"이라고 미치도록 괴로워하다 깨졌다고 "어떡해" 이런 소리를 했습니다.

**오전기도:** 뱀 소리가 약간 줄긴 했는데 다양하게 나옵니다. 비명 지르고 특정 부위를 잡고 괴로워하는 건 많이 줄었습니다. 초반에 뱀 소리로 방해하다가, 한참 괜찮더니 갑자기 배 속을 쥐어짜는 듯이 구역질이 나옵니다.

**저녁기도:** 오전보다 반응이 좀 더 있었습니다. 배 속 깊이 쥐어짜는 구역질이 많이 나

오고, 뱀 소리랑 기침이 심하게 나왔습니다.

**오전기도**: 기침이 심해서 잠을 못 자고 앉았다 누웠다 반복하면서 예수피를 하는데 뱀 소리가 쉬릭쉬릭 하며 계속 나오고, 구역질하고, 기침하고, 언제 잠들었는지 모릅니다. 일어나서 기도하려고 앉으니 바로 쉬잇거리고 숨을 들이마시니 또 쉬잇거립니다.

하나님 부를 때 쉬리릿거리며 못 하게 방해하고, 갑자기 기침이 터지게 해서 방해합니다. 구역질은 여전히 쥐어짜듯 나옵니다.

**저녁기도**: 처음부터 끝까지 하나님을 못 부르게 방해를 합니다. 뱀 소리도 다양하게 나오고 이상한 소리도 내면서 방해합니다. 몸을 갑자기 아프게 찌르고 소리 지르고 그런 건 없고 구역질도 많이 안 나왔습니다. 지금 새벽 4시가 다 됐는데, 글 쓰는 지금까지 계속 기침에 뱀 소리가 나오다가 지금은 기침도 뱀 소리도 줄었습니다. 기침과 뱀 소리가 세트로 다니는 것 같습니다.

목사님, 이제는 첫째 딸이 아파요. 주일 저녁에 충주 다녀와서 아무렇지도 않게 있다가 토하고, 그 이후 먹는 양이 3분의 1로 줄었고, 약을 먹어도 머리 아픈 게 사라지지 않고 소화제를 먹어도 속은 계속 안 좋고, 열은 없습니다. 기도는 계속하고 있습니다. 오늘 밤 기도 때 첫째가 시작하자마자 토했는데, 토하는 소리가 하수구 소리 같았습니다. 그리고 배에서도 소리가 나고, 가슴은 여전히 답답하다고 합니다. 둘째 딸은 배에서 뭔가가 꿈틀거리면서 움직이고 너무 아프고, 가슴도 긁는 것처럼 아프다고 합니다. 다리도 여전히 굳는 것 같다고 하구요, 셋째는 배가 칼로 찌르는 것처럼 아프다고 합니다.

앞의 내용은 그동안 필자에게 기도훈련 리포트를 올린 훈련생들이 보내 준 것이다. 이 리포트를 바탕으로 귀신들의 공격과 증상을 다시 정리해서 말씀드리겠다. 필자가 충주에 영성학교를 시작하기 전에, 대전에서 3년 동안 성령으로부터 귀신들을 분별하고 쫓아내는 훈련을 받았었다. 그때의 기록이 다음(DAUM) 카페의 크리스천 영성학교의 '귀신 쫓음' 게시판에 있으니 참고하시길 바란다. 그리고 충주에 와서 귀신들이 잠복한 수백 명의 사람들에게서 나타난 증상과 공격에 대한 내용들을 더러 카페에 칼럼으로 올리기도 했다. 사실 영성학교 카페만큼 귀신들에 대해 많은 정보를 알려 주는 곳도 별로 없을 것이다. 그러나 필자의 주장들을 반신반의하는 사람들도 적지 않을 것이다. 필자는 성령께서 말씀해 주신 내용을 바탕으로 귀신을 쫓아내면서 확인된 사실들만 인정하고, 귀신들의 잠복과 공격을 분별하고 이들을 쫓아내는 데 적용하고 있다. 그래서 그동안의 기도훈련생들의 리포트를 바탕으로 귀신들의 공격을 확인하고 싶다.

## 귀신들은 배와 가슴에 집을 짓고 있다

귀신들이 몸 안에 집을 짓고 있다는 것은 생소하겠지만, 성령께서 말씀해 주셨고, 수많은 귀신 들린 사람들에게서 확인된 바이다. 그래서 귀신을 쫓아내면 가슴과 배에 많은 현상이 감지된다. 가슴이 답답하고 배가 칼로 찌르는 듯이 아프며, 딱딱하게 만져지거나 꿈틀거리며 울렁거리는 느낌이 들고, 물이 흐르는 소리와 더불어, 기도할 때마다 빈번하게 복통, 설사, 배변의 활동이 활발하다. 그리고 기도가 지속될수록 집이 허물어지는 느낌이 들며, 귀신들은 집이 사라진다고 안타까워하고 괴로워한다. 귀신들은 대부분 사람의 나이가 아주 어렸을 때부터 들어와서 집을 지어 왔다. 그래서 나이가 많은 사람일수록 귀신들의 집을 허무는 게 힘들고 더디다.

**귀신들이 나가는 현상**

귀신들이 나가는 현상은 침, 가래, 기침, 하품, 트림, 헛구역질, 구토, 방귀, 배변 등이다. 그러나 이런 증상은 하급에서 중간급 귀신들이 나가는 증상이다. 어쨌든 귀신이 잠복한 사람들에게는 이런 현상이 빈번하게 일어난다. 하품이나 트림, 방귀 등은 빈도나 크기 등으로 약한 귀신과 센 귀신 등을 분별할 수 있다. 대부분 수천 마리의 귀신들이 나가므로 오랜 시간동안 이런 현상으로 괴로워한다.

**귀신들이 공격하는 현상**

귀신들이 공격하는 일반적인 현상은 몸을 아프게 하는 것이다. 귀신들은 몸 어디든지 아프게 할 수 있지만, 머리를 아프게 하거나 가렵게 하고 배를 아프게 하는 것이 가장 흔하다. 특히 과거에 고질병이 있었던 사람들은 고질병이 재발하며 악화되기도 한다. 적지 않은 이들이 기도할 때마다 몸을 아프게 하는 공격을 받아서, 기도를 약하게 하거나 중단하는 사람도 있다. 그러나 그렇게 하면 이들의 공격에 당하는 것이다. 그러므로 이런 현상이 일어나면 더욱 세게 기도하여 이겨 내야 한다. 몸을 아프게 하는 것 이외에도 두려움, 불안, 회의, 걱정 등의 부정적인 생각을 넣어 주는 공격도 동반한다는 것을 잊지 마시라. 정신질환이 있거나 특히 정신분열을 일으키는 귀신들은 뇌를 장악하고 판단력을 떨어뜨리고 생각을 통제하여 기도를 못 하게 하는 것이 일반적이다.

귀신들이 영음으로 말하거나 입을 통해서 말하는 것을 들어 보면, 섬뜩하고 잔인하며 사악하다. 다 죽인다든가, 지옥으로 데려간다든가, 집안을 망하게 한다든가 하는 말들을 수시로 토설하고 있다. 그러나 이런 말을 처음부터 하는 것이 아니라, 나중에 견디지 못하면 화풀이처럼 하는 것이 대부분이다. 필자가 오랫동안 칼럼을 통해서 이런 귀신의 공격 유형과 증상에 대해 수시로 밝혀 왔지만, 오늘은 훈련생의 리포트를 비교해 보면서, 필자의 주장을 확인하라는 의미에서 칼럼을 올려 드렸다. 귀신의 정체와 공격을 모른다면, 천국은 꿈도 꾸지 마시라. 그런 사람들은 귀신 같은 건 없다고 속이고, 정신과 육체를 장악해 좀비로 만들고 생명과 영혼을 사냥해서 지옥으로 끌고 가고 있으니까 말이다.

# 귀신을 경험한 사건 일곱 번째 이야기
## — 귀신의 실제 음성을 들어 보라

귀신이 말하는 소리를 들어 본 적이 있는가? 필자는 오랫동안 귀신을 쫓아내는 일이 사역의 중심에 있어, 그들의 얘기를 듣는 게 낯설지 않다. 물론 그들이 하는 얘기를 진지하게 생각하는 것은 아니다. 귀신들도 인격체를 지니고 있으며 개성이 강한 피조물이므로, 그들의 얘기도 각양각색이다. 재미있게 얘기하는 놈들도 있고 사악하게 말하는 놈들도 있다. 그들은 생각을 통해 영음으로 얘기하는 것이 일반적이지만, 필자가 듣는 것은 귀신이 잠복한 사람의 입을 통해서이다. 영성학교에 오면 귀신의 말을 듣는 것이 어렵지 않다. 필자는 귀신들이 말하는 것을 진지하게 생각하지 않는다. 왜냐면, 그들은 속이는 데 천부적인 재능이 있기 때문이다. 그래서 귀신을 쫓아내는 일은 그들의 전략을 알아야 가능하다. 이 전쟁에서 성령의 능력이 있는 사람은 갑이 되지만, 성령의 능력이 없는 사람에게는 귀신이 갑이 된다. 그래서 성령의 능력이 없는 사람들은 귀신을 아무리 쫓아 봐야 헛수

고일 게 불 보듯 훤하다.

그렇다면 대다수의 귀신들이 영음으로 말하거나 잠복해 있는 사람의 입을 통해서 말하는가? 아니다. 귀신이 잠복해 있는 사람들 중 대부분은 그런 사실을 알지 못한다. 그들이 철저하게 자신의 정체를 숨기고 있기 때문이다. 필자에게 찾아오는 사람들 중에는 귀신이 잠복해 있는 경우가 허다하지만, 영성학교에서 요구하는 기도훈련을 시작한 후에야 비로소 그들의 정체가 드러난 사람들이 대부분이다. 필자의 경험에 의하면 크리스천 중 대다수의 몸에 귀신이 잠복해 있다. 귀신이 잠복해 있지 않은 사람들도 밖에서 공격당하고 있다. 그러므로 몸에 귀신이 잠복해 있는 경우든 아니든 간에, 크리스천들은 100% 귀신들로부터 공격받고 있다. 다만 몸에 귀신이 잠복해 있는 사람들이 그렇지 않은 사람들과 다른 것은, 몸에서 그 정체가 드러나며, 귀신의 공격 강도와 빈도가 무척이나 세다는 것이다. 특히 정신질환이나 각종 중독에 시달리는 사람들은 100% 몸 안에 귀신들이 잠복해 있으며, 고질병에 시달리는 사람들의 상당수에게도 귀신들이 잠복해 있다고 보면 정확하다. 그러나 세상 사람들은 말할 것도 없고, 대다수의 크리스천들도 필자의 주장에 동의하지 않을 것이다. 그래서 오늘은 필자에게 기도훈련을 받고 있는 훈련생의 리포트를 올려드리면서, 이들의 공격 유형을 차근차근 생각해 보고 싶다.

**12월 8~11일:** 충주 영성학교에 있는 동안 기도 시 뱀 소리도 많이 나왔고, 물건을 부수려는 행동도 했고, 방바닥을 주먹으로 내려치며 엄청 사납게 나왔습니다. 기도 중 제가 몸을 움직이지 못하도록 손을 바닥에 붙여서 펴지지 않게 하던가, 갑자기 하나님 잘못했다고 원맨쇼도 하면서 정신없게 만들었습니다.

**12월 12일:** 기도 시간 내내 뱀 소리가 나오고, 상체 부분이 갈라지듯이 뒤틀리고, 오른쪽 옆구리가 아프기 시작하더니 목요일 현재까지도 아픕니다. 기도할 때 옆구리가 아픈데 그놈들도 아프다고 꽥꽥대고 욕합니다. 기도 중 성질을 엄청 내고 씩씩거리고 있습니다.

아버지가 기도 중에 저를 부르는데 저도 모르게 아버지한테 이 새끼 저 새끼 욕하면서, "왜 부르냐"고 "너 때문에 내 인생 망쳤다"고 막말을 마구 쏟아 냈는데 분노가 엄청났고, 그 순간 저인데도 저 같지 않은 그런 모호한 상황이 있었습니다. 화요일에도 아버지랑 병원에 오는 동안 차에서 성경 말씀 이야기하다가 갑자기 아버지한테 화가 치미는데, 저절로 또 막말이 나오고 뱀 소리가 마구 튀어나오고 분노가 걷잡을 수 없이 치밀어 올랐습니다. 근데 저는 실제로 그렇게까지 화가 난 상태가 아니있습니다. (참고로 이 훈련생은 오랫동안 전신마비 환자인 아버지를 간병하고 있다.)

**12월 13일:** 월요일과 반응이 같습니다. 몸 안을 계속 꿈틀대며 뒤틀고 있습니다. 오른쪽 옆구리가 너무 아프다 못해 배에 숨을 넣는 것조차 힘겹습니다. 저도 아픈데 지들도 아프다고 그만하라고 난리칩니다. 요 며칠 동생이 아파서 아버지 체위 변경을 제가 했는데, 그날 아버지를 죽일 뻔했습니다. 가래를 빼 드리려고 배를 누르는데 힘이 저절로 마구 들어가고, 입가를 닦아 드리는데 아버지 입을 휴지로 막으려고 했습니다. 동생한테, 기도 중 아버지 체위 변경과 심부름은 아파도 당분간 네가 하라고 했습니다. 제 속에 잠재된 아버지에 대한 분노가 튀어나온 거 같습니다.

**12월 14일:** 몸이 아파서 10시까지 잤습니다. 감기가 낫다가 다시 몸살이 찾아왔습니다. 기도 중 가래를 뱉으면 피가 섞여서 나옵니다. 저한테 욕하고, 나갈 거라고 그만하라고 말을 하기 시작합니다. 저녁 때는 몇 명이서 대화를 합니다. "우리 그만 나가자, 못 버티겠다" 그러고, 또 한 놈은 "버틸 수 있을 때까지 버티자" 그러고, "너나 있으라"고 지들끼리 싸우기도 합니다.

몸이 심하게 꿈틀거리는 건 수요일부터 줄었는데, 배 전체가 빵빵해진 것 같고 배를 쓰다듬으면서 "내 배, 내 배" 그러면서 아프다고 발광을 합니다. "나 어떡해, 큰일 났다" 이 소리도 자주 합니다. 화요일에 배 쓰다듬으며, "내 새끼들 어떡하나"고 이상한 소리도 했고, 기도 중 그만 때리라고, 아프다고 발광합니다. 목사님 거론하며 "내일 더 세게 맞는다"고, "목사님 무섭다"고 "오늘이라도 나가자"며 서로 싸웁니다. "내가 네 주인인데 왜 괴롭히느냐"고 발악도 합니다.

**12월 15일:** 감기 몸살로 몸이 무겁고 머리가 아픕니다. 앉아서 10분 정도 하다가 윗몸 일으키기 기도로 했습니다. 오늘은 기도 중 가래에서 핏덩어리가 나왔습니다. 사납게 날뛰고 몸으로 하는 액션은 줄었는데 아프니까 기도가 평상시보다 힘이 듭니다. 오늘도 주인 타령하며 그만하라고 발악을 합니다. 기도 안 할 때도 가끔 느닷없이 뱀 소리를 쉿쉿 내면서, 그만하라고 아프다며 저한테 욕하고 혼자 원맨쇼를 합니다.

앞의 훈련생은 축출기도를 지속하자, 귀신들도 괴로워서 고통스러워하는 모습을 엿볼 수 있다. 그러나 그들이 정말 나갈 거라고 믿을 수 있는 것은 아니다. 나갈 거라고 속이는 경우가 대부분이기 때문이다. 이들이 화가 나서 분노를 터뜨리며 폭력을 휘두르는 것은 일반적이다. 이들은 그런 폭력적인 생각을 넣어 주는 것뿐만 아니라, 육체도 통제하고 있다. 그래서 축출기도 시에 옆에서 같이 기도하던 훈련생들이 주먹으로 맞는 일은 흔한 일상이다. 이들이 쫓겨 나가는 것은, 정말 견딜 수 없는 경우에만 해당된다. 그래서 "견딜 수 없어서 나간다"고 하면, 실제로 나가고 있는 것이다. 몸 안에 있는 그들의 개체 수는 아주 많고, 조직적으로 움직이며 위력이 센 귀신들이 약한 귀신들을 통제하고 있다. 실제적으로 귀신들이 집을 짓고 있는 부위인 가슴은 답답하고, 배에서는 시냇물 흘러가는 소리가 나고, 꿈틀거리는 증상이 동반된다.

위의 경우를 토대로 보면, 분노 조절이 안 되는 사람들은 실제로 귀신들의 조종 때문이라고 보면 틀림없다. 또한 귀신은 몸의 곳곳을 아프게 하고, 고질병을 포함한 여러 질병으로 괴롭게 하고 있다는 것도 알 수 있다. 이런 것들이 귀신이 잠복해 있는 사람들에게서 귀신들이 드러나는 증상이다. 그러나 이 훈련생도 기도훈련을 시작하면서 귀신의 정체가 드러나기 시작했고, 축출기도를 받으면서 여러 가지 증상이 섞여 나오고 더욱 확연하게 드러난 것이다. 그러므로 귀신들이 머리를 타고 앉아 자신들의 생각을 넣어 주어 조종하면서 죄를 짓게 한다는 성경 말씀이, 오늘 우리에게도 동일하게 일어나고 있는 것을 확인하기 바란다.

# 귀신을 경험한 사건 여덟 번째 이야기
## — 귀신에게 오랫동안 시달린 자매님의 편지

　이 자매님이 영성학교에 온 지 적지 않은 시간이 지났다. 이 자매님의 증상은 귀신이 잠복한 상태의 전형이었다. 아직 심각한 정신질환 상태까지는 진행되지 않았지만, 정신 능력이 현저하게 떨어져서 사리판단을 제대로 못 했다. 대학을 졸업하였지만 제대로 된 직장을 잡을 수도 없었다. 말하자면 집안의 골칫거리였다. 영성학교에 와서 기도훈련을 제대로 못 하였음은 당연한 일이었다. 기도훈련을 한 지 1년이 지났지만, 아직도 약한 귀신이 드러나는 증상이 여전하니 말이다. 그러나 매주 빠지지 않고 영성학교에 오고 있으니 불쌍해서 지켜보고 있는 입장이다. 바쁜 일과가 끝난 주일 저녁에, 누군가가 사택 현관 문을 두드렸다. 누군가 해서 나가 보니 그 자매님이었다. 그 자매님은 불쑥 무엇인가를 내밀었다. 편지였다. 그동안 자신에게 일어난 증상에 대한 내용을 적어 놓았다. 그래서 같은 증상을 앓는 이들이 있다면 도움이 될까 싶어서 편지의 내용을 올려 드린다.

목사님 안녕하세요? 진도가 느려서 죄송해요. 하나님께서 저를 사랑하신다는 믿음이 지난주에 생겼어요. 살면서 절 사랑해 준 사람은 2명밖에 없어서, 누군가 절 사랑한다는 걸 받아들이기 어려웠어요. 그래서 전에는 기도할 때, 하나님이 저를 별로 안 좋아할 것 같다는 생각을 바탕에 깔아 기도했던 것 같아요. 제가 삶이 힘들어서 무기력증으로 하루에 12~15시간씩 잤고, 작년까지 수시로 미친 듯 잠이 와서 낮잠은 하루에 몇 번씩 자곤 했는데, 지금은 그런 게 없어지고 하루 8시간만 자도 괜찮아서 좋아요. 그리고 전에는 슬퍼서 길을 걷다가도 갑자기 혼자 울면서 다니곤 했는데, 지금은 슬픔 귀신이 1주일에 1번 정도 눈물을 흘리려 하지만 울지 않아요. 사람들의 시선이 두려워서 버스 타는 게 너무 싫었는데, 이제 그런 거 없어지고 저보다 세 보이는 사람이나 낯선 사람이랑 말할 때 두려운 것만 남은 것 같아요. 그리고 음란 귀신도 제가 잘 때 어떠한 형체(졸라맨 같은 사람 형상)가 제 옆에 오곤 했는데, 이제는 안 와요. 글고 제가 중딩 때부터 잘 때 얼굴 한쪽이 차가웠고 누가 만지는 것 같은 느낌이 들었거든요. 빈도수가 줄긴 했지만, 요즘도 가끔 잘 때 어떤 악령이 제 얼굴을 만지는 것 같은 느낌이 들어요 (얼굴 한쪽이 굳어진다고 해야 되나 차가워져요). 이것도 나중에 없어지겠죠? 제가 하나님을 경험한 이후에 꾼 꿈(16년도 중순쯤)에 저는 중딩 교복을 입고 있었는데, 최근에 꾼 꿈에는 고딩 교복을 입고 있었어요. 제 정신연령은 아마도 고딩인 것 같아요. 목사님 말씀처럼, 제가 이해력이 많이 딸리고 자주 잊어 먹고 좀 멍청하거든요. 언어에 대한 이해력도 많이 부족해요. 글고 전에는 죽고 싶다고 많이 생각하고 살았는데, 지금은 그런 생각이 많이 없어졌고, 불 끄고 자는 것도 무서웠는데 지금은 전혀 안 그래요. 이 기도가 정말 좋은 기도인 것 같아요. 이 기도를 하면서 제 우상이 무엇인지 많이 알게 되었어요. 목사님, 제가 인사하지 않는 것은 뭔가 뻘쭘하고 어색해서였어요. 인사하고 싶은데 뭔가 많이 뻘쭘하고 그래서, 싸가지 없다고 생각이 드실 수 있을 것 같아서요. 많이 뻘쭘해서 다른 사람들에게도 다가가기가 좀 그래서요. 예수피 기도를 계속하니, 이제 귀신과 조금씩 분리가 되는 것 같아요('아~ 귀신이구나' 하고 깨달아져요). 마귀에게서 조금씩 해방이 되어서 너무 좋아요. 목사님, 감사해요. 좀 더 애써 볼게요.

# 귀신을 경험한 사건 아홉 번째 이야기
## ― 떠버리 귀신을 아십니까?

필자가 떠버리 귀신이라고 이름을 붙인 귀신은 필자와 기이한 인연이 닿아 있는 놈이다. 오래전 필자가 평신도였던 시절에 그놈이 필자의 가족에게 들어와서 떠들어 대며, 자신이 가브리엘 천사장이라고 속였었다. 그때 필자는 귀신의 존재에 대해서 아무것도 아는 게 없었던 때였으므로, 당연히 속아 넘어갔다. 그러나 그놈이 떠벌린 내용에 내가 의구심을 제기하고 확인하면서, 자신의 말이 거짓임이 드러나마자 그놈은 금세 떠나가 버렸다. 그때 가족에게 들어와서 성대를 장악하여 얘기를 하던 놈이, 필자가 생전 처음으로 만난 귀신이었다. 그러나 이 얘기를 다른 이들에게 하면 그저 신기한 이야기 정도로 치부했고, 그렇게 필자의 기억에서 스멀스멀 사라졌다. 그러다가 속절없이 세월이 흘러 충주에서 영성학교를 열기 전에, 대전에서 성령께서 필자를 훈련시킬 때, 또다시 떠버리 귀신과 조우하게 되었다. 그런데 다시 만난 떠버리 귀신은 처음 만난 놈처럼 싱거운(?) 놈이 아니었다.

무려 1개월이 넘게 쉬지 않고 떠들게 하는 놈이었다. 그래서 그 사람은 제정신이 전혀 없이, 무려 1개월 동안 잠도 자지 않고 쉴 새 없이 무언가를 말하고 있었다. 입 주위는 침이 하얗게 말라붙었고, 잠을 자지 못해 눈은 시뻘겋게 충혈되어 있었다. 보통 성인들이 불면증에 시달리면 병원에서 수면제 2알을 처방받아 먹으면 잠을 잘 수 있다. 그러나 이 사람은 무려 6알을 먹었는데도 전혀 잠을 자지 못한다는 것이다. 또한 생물학적으로, 사람이 1개월 동안 전혀 잠을 자지 못하면 사망한다고 하는데, 이 사람은 버젓이 살아 있다는 것이 신기할 정도였다. 이 사람 안에 있는 떠버리 귀신은 쉴 새 없이 주절주절 얘기하다가, 필자에게 말을 걸기도 하였다.

보통의 귀신들은 머리를 타고 앉아 자신의 생각을 넣어 주어 속이는 공격을 주로 한다. 그래서 미혹의 영이라는 별명이 붙은 센 놈도 있다. 어쨌든 자신의 생각을 분별하지 못하는 대부분의 사람들은, 생각을 통해 속이는 귀신들에게 속수무책으로 당하게 되어있다. 그러나 개중에는 영음으로 말하는 귀신도 있다. 영음과 자신의 생각은 조금 다르다. 영음은 자신이 전혀 모르는 상황이나 인지하지 못하는 생각이 훅 하고 들어오는 것이다. 이 생각이 자신의 생각이 아니라는 근거는, 자신이 본래 전혀 모르는 지식이나 상황에 대해서 알고 있다는 점이다. 그러나 영음이 가물에 콩 나듯이 들려오면 분별하기 어렵지만, 영음이 자주 들리면 영음의 주체가 자신이 아니라는 것을 어렵지 않게 알게 된다. 정신과에서는 이 같은 현상을 환청이라고 하며 정신분열 증상의 증거로 삼고 있다. 그러나 위에서 소개한 것처럼, 사람의 성대를 장악하여 입을 통해서 음성으로 말하는 놈들도 있다. 필자가 지금까지 수백 명의 사람에게서 수많은 귀신들을 쫓아내었지만, 이런 떠버리 귀신은 딱 3명 정도밖에 만나 보지 못했던 희귀 동물(?)인 셈이다.

입을 통해서 말하거나 영음으로 넣어 주는 능력이 귀신들에게만 있는 것은 아니다. 하나님이 예언의 은사를 주시면 하나님의 말씀을 영음으로 듣거나 자신의 입을 통해서 말하기도 한다. 그러나 귀신들도 하나님과 똑같은 방식으로 공격하고 있으니 기이한 일이다. 그래서 구약성경에 나오는 거짓 선지자들은 바로 미혹의 영이 속이고 있는 것이며, 바울이 빌립보에서 만난 점치는 귀신이 들린 여종도 입을 통해서 귀신의 말을 전달하는 것이다.

그런데 어제, 떠버리 귀신이 들린 형제님이 영성학교에 찾아왔다. 필자가 이전에 만났던 떠버리 귀신은, 필자가 이 사역을 하기 전이거나 사역을 훈련하는 중에 있었기 때문에, 그놈의 능력을 면밀히 관찰할 수 있는 준비가 되지 않았었다. 그러나 지금은 사역을 시작한 지 3년이 지나서, 필자도 그놈을 자세히 관찰할 수 있는 영적 수준이 되었다. 그러므로 그놈을 면밀하게 살펴보아야겠다고 생각했다. 그 형제님은 아직 30세가 되지 않은 청년이었는데, 결손가정에서 자라났으며 우울증 증상이 있었지만 그리 심각하지는 않았다고 한다. 그런데 몇 달 전에 그 떠버리 귀신이 들어와서 떠들어 대기 시작했다고 한다. 그래서 고통스러워하다가 인터넷에서 검색해 보고 영성학교를 찾아왔다고 하였다. 그 형제님이 영성학교를 들어서기 무섭게, 그 떠버리 귀신이 쉴 새 없이 지껄이기 시작했다. 그런데 듣기 고통스러운 것은, 말끝마다 저급한 욕설을 섞어 가면서 떠든다는 점이었다. 그런데 귀신이 말하는 중간에 어렵사리 그 형제님이 정신을 차려서, 지금 하는 말들은 자신이 하는 것이 아니라 귀신이 하는 것이라고 고통스러워하며 고백했다. 그러나 말하기 무섭게, 또다시 떠버리 귀신이 자신의 말을 늘어놓는 것이다. 떠버리 귀신은 그 형제님의 지식과 경험에 자신의 생각을 섞어서 속였다. 그러므로 떠버리 귀신은 80~90% 정도 사실에 바탕을 둔 얘기를 하면서, 지금까지 그 형제님이 한 말이나 행동은 자신이 그렇게 시켜서 한 것이라는 자기 자랑을 늘어놓았다. 그러나 어떤 내용이 진실이고 어떤 내용이 거짓인지 분별할 수 없었다. 떠버리 귀신은 사람들이 자신의 말을 듣기 시작하면 본격적으로 거짓말을 섞기 때문에 무시해 버려야 한다. 그런데 그 떠버리 귀신이 그 형제님의 머리와 입을 완전하게 통제해서, 그 형제님은 말을 자기 뜻대로 하지 못하였고 말끝마다 저급한 욕설을 뱉었다. 축출기도 시간이 아님에도 불구하고 필자는 할 수 없이 이 형제님에게 20여 분간 축출기도를 하였다. 그랬더니 떠버리 귀신이 좀 수그러졌다. 그래서 마침내 그 형제님에게 그간의 상황을 들어 볼 수가 있었다. 그래서 저녁 축출기도 시간에 축출기도를 한 번 더 해 주었더니, 욕설을 뱉는 것이 없어졌고 귀신이 형제님의 말을 빼앗아서 제 얘기를 하는 빈도도 현저하게 줄어들었다. 그 형제님에게 들어가 있는 떠버리 귀신의 능력을 살펴보니, 형제님의 머리를 장악해서 생각을 조종하는 것과 성대와 입의 근육을 장악해서 자신이 말을 하는 통로로 사용하는 능력이 있었다. 또한 자신이 그 형제님을 통제하는 것을 자랑하기 위해, 필자 앞에서 손발을 조종하는 능력을 보여 주기도 했다. 그 형제님은 말을 하고 있던 중간에도 귀신이 자신의 뇌를 통제하는 신호를 감지하고 느낌으로 알아채고 있었다. 그러나 그 형제님은 필자와 대화를 하는 와중에도 귀신이 자신에게 말을 섞어 들어오는 것을 전혀 통제하지 못했으며, 그럴 때마다 답답해하고 고통스러워하곤 했다. 어쨌든 그 떠버리 귀신은 자신이 그 형제님의 뇌와 입을 통제한다는 사실을 자랑하는 것을 즐겼다. 그러나 그 떠버리 귀신은 센 놈은 아니다. 그 형제님 안에는 센 놈인 미혹의 영이 어렸을 때부터 집을 짓고 잠복하고 있었으며, 최근에 그 떠버리 귀신을 불러들인 것이다. 어쨌든 떠버리 귀신이 귀찮기는 하지만, 귀신의 실체와 영적 능력을 실제 확인할 수 있으니 귀신에 대한 시청각교육으로는 그만이다.

# 귀신을 경험한 사건 열 번째 이야기
## ─ 전대미문의 정신분열증을 앓고 있는 소녀

3년 전, 여름이 끝나가던 무렵 무더웠던 어느 날, 중년 남자가 운전해 온 봉고차에서 무거운 발걸음으로 내리던 소녀가 기억이 난다. 중년 부부의 손에 붙잡힌 채 통나무처럼 끌려온 소녀의 이름은 고은이(가명)였다. 중학교를 마칠 무렵 갑자기 학교에서 연락이 왔단다. 고은이가 화장실에서 무릎으로 기어 다니며 기이한 행동을 하고 있다고. 학교에 찾아가니 학생들의 수군거림 속에서 담임 선생은 고은이의 일탈 사건에 대해 조심스럽게 말을 꺼냈다. 그러고는 정신병원에 가 보아야 할 것 같다는 조언으로 말을 마쳤다. 정신과 의사는 전형적인 정신분열 증세라면서 정신병원에 격리해야 되겠다고 말했다. 그러나 꽃다운 나이의 딸을 정신병원에 보내는 결정을 차마 할 수가 없었다. 고은이의 아버지가 직장에 가 있을 때, 아내로부터 다급한 전화가 걸려 왔다. 집에 가니 입이 떡 벌어지는 광경이 눈에 들어왔다. 고은이는 어머니의 한복을 꺼내 입고 입에 새빨간 립스틱을 칠하고는 정신없이 날뛰고 있었다. 부모는 딸의 손을 붙잡고 용하다는 기도원을 전전하기 시작했다. 기도를 받아보기도 하고 이런저런 처방도 받았지만 차도는 없었다. 낙심이 되어 벤치에 앉아 있을 때 어떤 자매님이 근심스런 얼굴로 물어보았다. 그래서 딸이 이렇게 귀신이 들려서 정신분열증을 앓고 있다고 말하니까, 그 자매님은 충주에 크리스천 영성학교가 있는데 그곳에 찾아가 보면 해결할 수도 있다고 덧붙이고는 자리를 떴다. 그리고 중년 부부는 딸의 손을 붙잡고 물어물어 필자를 찾아온 것이다.

고은이는 전혀 제정신이 없는 것은 물론이고, 행동이 얼마나 굼뜬지 나무늘보를 연상케 하였다. 그래서 말하는 건 알아듣느냐고 물어보니 철저하게 시켜야 비로소 따라하는 정도라고 대답했다. 그래서 필자는, 이곳은 기도훈련을 시키는 곳이기 때문에 아예 대화가 불가능한 사람들에게는 해 줄 수 있는 게 별로 없다고 말해 주었다. 그러자 그 부부의 얼굴은 금세 어두워졌다. 한줄기 희망의 끈을 붙들고 찾아왔는데, 여기서도 해결할 수 없다면 어떻게 해야 할지 막막했던 것이다. 그래서 그 부부를 바라보며, 부모님이 기도훈련을 한다는 조건에 합의한다면 한번 해 보겠다고 제안을 했다. 그랬더니 서슴지 않고 그게 어떤 건지 모르지만 꼭 하겠다며 필자의 손을 붙잡는 것이 아닌가? 그렇게 고은이가 영성학교의 기도훈련에 참여하게 되었다. 영성학교는 성령이 내주하는 기도훈련을 하는 곳이다. 성령께서 필자에게 귀신을 쫓아내고 정신질환과 고질병을 치유하면서 삶의 문제를 해결하라고 명령하셨다. 그래서 필자는 인터넷의 카페나 블로그, 유튜브 동영상에서 정신질환이나 고질병은 물론, 삶의 지난한 문제가 있는 사람들이 기도훈련을 하면 문제를 해결받을 수 있다고 소리를 질렀다. 대다수의 사람들은 웬 개가 짖는구나 하면서 들은 척도 하지 않았지만, 인생이 지옥 같은 사람들은 지푸라기라도 잡는 심정으로 필자를 찾아왔다. 필자는 그들에게 그동안 필자가 해 온 기도의 습관을 훈련시켰다. 그러면서 매일 저녁 축출기도 시간에 앞줄에 앉혀 손을 붙잡고 귀신을 쫓아내며, 고질병을 치유하는 기도를 해 주었다. 지금까지 수백 명이 넘는 사람들에게서 귀신이 쫓겨 나가면서, 귀신들이 일으켰던 정신질환과 고질병이 치유되었다. 알음알음으로 소문이 나서 전국에서 사람들이 찾아오고 있는 것이다.

고은이의 증상은 엄청나게 심각했다. 다른 정신질환 환자들은 제정신이라도 있지만 그 소녀는 전혀 자기 정신이 없었으며, 손을 이끌고 다니면서 밥을 먹이고 화장실에도 데려다 주어야 했다. 기도 시간에도 전혀 기도하지 못했고 찬송을 따라 부르지 못했다. 그래서 필자는 하루 5분에서 10분씩 손을 붙잡고 축출기도를 하면서 귀신을 쫓아내기 시작했다. 그러나 오랜 시간이 지나도 차도가 보이지 않았다. 이런 문제를 해결하려면 하루 30분에서 1시간 이상 집중적으로 축출기도를 해야 하는데, 영성학교는 목·금·토·일요일에만 문을 연다. 또한 많은 이들에게 기도를 해 주어야 하기 때문에 문제가 있는 사람이라 하더라도 하루에 5분 기도해 주는 게 고작이었다. 따라서 본인이 전심으로 기도해야 신속하게 문제가 해결될 수 있는 것이었다. 그러나 그 소녀는 스스로 기도할 수 없었으며 부모도 이제 겨우 기도훈련을 시작했으니 지지부진한 것은 당연한 일이었다. 그렇게 무려 1년 정도의 시간이 지났다. 고은이는 조금씩 인지능력이 향상되더니 어느 날 갑자기 거짓말처럼 정신이 돌아왔다. 그래서 영성학교 식구들은 뛸 듯이 기뻐했다. 그러나 정신이 돌아온 고은이는, 사나운 무당의 모습으로 돌아왔다. 말도 사납게 하고, 부모 말을 듣지 않고, 어린 아이들에게도 폭력적으로 대하는 등 사나운 무당의 모습과 진배없었다. 그래서 부모에게 원래 고은이의 본 성품이 그러냐고 물어보았더니, 고은이의 본래 모습은 순종적이며 상냥한 아이였단다. 아뿔싸! 그렇다면 귀신이 여전히 지배하고 있다는 것이 아닌가? 정신이 돌아온 고은이는 자신이 2년 동안 공부하지 못했다면서, 친구들은 대입 수능 공부를 하고 있는데 자신은 한참 동안 뒤떨어졌다고, 공부를 해야겠다며 호들갑을 떨고 난리를 치기 시작했다. 아직도 귀신이 많이 잠복해 있는데 기도할 생각은 하지 않고 공부한다고 난리를 치니 기가 막힌 일이었다. 기도해야 한다고 부모가 아무리 말해도 안 듣고, 필자의 말도 듣지 않았다. 그렇게 1개월이 채 되지 않아서 갑자기 인지능력이 느려지더니 이전의 통나무와 같은 상태로 돌아갔다. 아니, 원래보다 더욱 심각해졌다. 손발을 움직이는 것도 더욱 느려지고 생리적인 현상도 전혀 인지하지 못했다. 밥도 떠먹여 주어야 했고, 화장실도 스스로 해결하지 못해서 부모가 데려다가 변기에 앉혀 주어야 했다. 밥을 먹다가도 행동을 멈춰서 옆에서 챙겨 주어야 했을 정도이다. 마치 걸어 다니는 식물인간을 보는 듯했다. 1년을 넘게 영성학교에 와서 이제 겨우 고은이가 정상으로 돌아왔나 싶었는데, 이전보다 더 심각해졌으니 기가 막힌 일이었다. 나는 고은이가 정상적으로 돌아왔을 때 기도를 집중적으로 시키지 못한 게 한스러웠다.

그러나 필자가 할 수 있는 일이 없었다. 예전보다 더 집중적으로 축출기도를 해 주는 수밖에 없었다. 고은이의 부모도 실망하기는 했지만, 다른 방도가 없었기에 이전보다 더 열심히 기도훈련에 참석했다. 정신이 정상적으로 돌아온 것을 보고 귀신의 잠복과 공격임을 확인한 것이 성과라면 성과였던 셈이다. 그렇게 영성학교를 오가면서 기도로 세월을 보내 또 1년의 시간이 지나갔다. 고은이의 부모님은 정신을 바짝 차리고 기도훈련에 열정적으로 임했다. 그렇게 2, 3개월이 지난 어느 날부터 고은이가 조금씩 정상적으로 돌아오기 시작했다. 찬송할 때 박자를 맞추어 손을 움직이기도 했고, 부모님의 말을 조금씩 알아듣기도 한다고 했다. 그래서 필자는 이번에 정신이 돌아오면 무지막지하게 기도훈련을 시켜야 한다고 단단히 일러 놓았다. 그렇게 조금씩 돌아오기 시작하더니 지금은 아주 정상적으로 돌아왔다. 통나무 같던 움직임도 활발해졌고 의사소통도 아주 정상적이다. 고은이는 아주 얌전하고 착한 소녀로 되돌아왔다. 그러나 아직은 안심할 수 없어서 기도훈련을 빡세게 시키고 있다. 다행스럽게도 예전에 돌아왔을 때의 모습처럼 사납지도 않았고, 본인도 스스로 기도하려고 애쓰는 것이 확연히 달라진 모습이다. 영성학교 식구들 중 그 누구도 고은이가 정상으로 돌아온 사건에 대해 놀라지 않았다. 솔직히 말해 영성학교에서 그런 기적들은 수도 없이 체험했기 때문이다. 그러나 필자에게는 고은이의 경우가 특별했다. 귀신의 능력이 어마어마함을 실제로 체험할 수 있었으며, 전대미문의 중증 정신분열증 환자도 귀신을 쫓아내면 회복될 수 있다는 것을 증명해 냈기 때문이다.

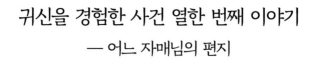

# 귀신을 경험한 사건 열한 번째 이야기
## — 어느 자매님의 편지

　아래 내용은 필자에게 기도훈련을 받는 자매님의 편지이다. 이 자매님의 어머님이 각종 고질병과 정신질환, 치매, 파킨슨병을 앓고 있고 있어서 영성학교에 데려와 축출기도를 받는 동안 일어난 내용을 메일로 보낸 것이다.

　제가 기도훈련을 시작하게 된 것은 평소 우울증과 당뇨, 혈압, 아토피 질환, 위장 질환으로 오랜 시간 고통을 받고 있던 엄마가 작년에 갑작스럽게 치매와 파킨슨병까지 진단받으며, 최근 2년 안에 급속도로 삶과 영혼이 위태로워졌기 때문입니다. 기도를 할 수 없는 엄마를 대신하여 제가 기도훈련을 받기로 하였습니다. 목사님께서 말씀하시기를 "이 문제는 하나님을 감동시키는 방법밖에는 없다, 죽기 살기로 기도해야 한다! 그러면 얼마 되지 않은 병들이라 회복될 수 있다"고 해 주셨고, 100% 회복의 확신을 가지고 기도훈련을 시작하게 되었습니다.

**2015년 5월:** 엄마 우울증 악화로 치매 진단. 평소에 치과에 한 번도 안 다닐 정도로 건치를 자랑하셨는데, 식사하시다가 갑자기 아랫니가 빠짐. 혼자 생활 불가능. 집안일 전혀 못 하심. 반찬 만드는 것도 기억을 못 함.

**2015년 12월:** 갑자기 앞이 보이질 않는다고 하심. 병원에 가니 수술하셔야 한다고 함. 시기적으로 늦었지만 수술 결정(수술 이후에도 오른쪽 눈 실명 90% 위험). 왼쪽 눈도 잘 보이지 않는다고 하심.

**2016년 1월:** 걸음걸이가 이상해짐. 보폭이 짧고, 팔을 움직이지 않고 걸음. 목 움직임이 부자연스럽고 오른손 근육 마비. 손가락 근육 마비, 젓가락질 못 하심. 길을 찾지 못함. 5분 이상 걷지 못함. 전화 수·발신을 전혀 못 함. 이때부터 파킨슨이 시작되었는데 의사, 본인, 가족들이 인지 못 함. 외부 활동 못 함.

**2016년 5월 25일:** 한의원 기도 모임 시작. 귀신이 활동하는 초기 증상이 다 있었음, 배변, 기침, 가래, 두통, 트림, 방귀, 불면증, 가위눌림. 산에서 멧돼지 만남. 언니 공황장애 심해짐, 조카 맹장 수술 등 사건 사고가 많이 일어남.

**2016년 6월 21일:** 파킨슨병 의심된다는 의사 소견.

**2016년 7월 5일:** MRI 촬영. 파킨슨병 확정.

**2016년 7월 13일:** 한의원 기도 모임. 목사님 첫 축출기도 받음.

**2016년 7월 14일:** 목사님 기도코칭 시작.

**2016년 7월 17일:** 엄마의 걸음걸이가 몰라보게 좋아짐. 팔도 조금씩 흔들며 걸음. 표
정도 밝아짐. 보호자 동반 시 외부 활동도 가능하게 됨.

**2016년 7월 20일:** 기억력이 회복되는 게 느껴짐. 나에게 전화를 하심.

**2016년 7월 23일:** 충추 영성학교 처음 방문. 축출기도.

**2016년 7월 30일:** 버스로 30분 거리의 친구 집을 엄마 혼자 방문!

　그 이후로 엄마의 모습이 몰라보게 좋아지고 지금은 파킨슨병은 거
의 완치되었음(가족 외에 다른 사람이 보면 병에 걸린 줄 모를 정도임). 젓가
락질, 설거지를 하실 정도로 오른쪽 손가락 근육들이 다 살아남. 기억
력도 많이 회복이 되시고 치매도 더딘 속도로 진행되고 있음을 느낌.
의사 선생님은 오른쪽 눈이 90% 실명이라고 하셨지만 눈도 좋아지셨
음(12월 8일 안과 진단 예정).
　요새는 가렵다고 안 하실 정도로 아토피 질환도 개선이 되었고, 혈
압, 당뇨 수치 모두 정상입니다. 저의 오랜 고질병인 비염 증상도 정말
많이 개선이 되었습니다.

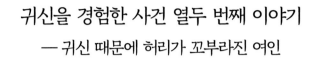

# 귀신을 경험한 사건 열두 번째 이야기
## — 귀신 때문에 허리가 꼬부라진 여인

열여덟 해 동안이나 귀신 들려 앓으며 꼬부라져 조금도 펴지 못하는 한 여자가 있더라(눅 13:11)

위의 성경 구절에서 등장하는 여인은 등뼈의 디스크가 닳아져 눌러서 협착이 된 증세의 환자이다. 대부분의 노인들은 허리가 굽어지는 현상을 겪는다. 이는 불구로서 더 이상 회복되지 않는다. 그런데 예수님은 이 병이 귀신 때문에 그렇다고 하며, 귀신을 쫓아내고 회복시키셨다. 그런데 2개월 전에 이 협착증 환자가 영성학교에 기도훈련을 받으러 왔다. 지금까지 많은 정신질환자나 고질병 환자가 찾아왔지만 척추협착증 환자는 처음이었다. 필자는 성경의 증세를 기억해 내고는 기대감을 가지고 훈련을 시작하였다. 여러분도 그 결과가 궁금하지 않으신가? 그래서 그 자매님이 보내온 편지를 올려 드린다.

오늘 드디어 검사하고 의사 선생님과 상담함. 선생님 왈, "3개월도 안 되는 기간에 더 말할 수 없이 좋아졌다. 그리고 올해가 가기 전에 사후 검진을 공짜로 해 줄테니 오라." 말 그대로 기적이었다. 나이도 얼마 되지 않았는데 몸은 완전 노인 몸 같이 다 망가져 있어서, 담당 선생님께서 처음에 많이 걱정하셨다고 고백하셨다. 특히 목은 누가 일부러 위아래에서 눌러 찌부러뜨려 놓은 것 같았다. 그랬던 목이 이제 엑스레이상으로 깨끗하게 보인다. 뼈 하나하나가 다 따로따로 자리하고 있고, 사이사이에 공간도 있다. 하지만 역 C 자인 것도 있다. 아직 다 교정이 안 되었다. 이건 시간이 더 필요한가 보다.

이 자매님은 아직 척추협착증이 완치되지는 않았지만 엄청나게 빠른 속도로 치유가 되고 있다. 참고로 이 자매님은 어릴 때부터 불안장애, 불면증, 공황장애, 거식증, 우울증을 앓아 왔으므로, 필자는 척추협착증도 귀신의 소행임을 알아차릴 수 있었다. 물론 정신질환도 거의 회복이 되어 가고 있다.

# 귀신을 경험한 사건 열세 번째 이야기
## ― 귀신이 환각을 일으켜서 교통사고를 낼 뻔한 사건

아래는 영성학교에서 기도훈련 하신 집사님의 훈련 리포트의 일부이다. 다른 분과 다르게 귀신들이 망막을 조종하며 기이한 물체가 보이게 공격하여 교통사고가 날 뻔하였다. 이처럼 귀신들은 환각이나 환청을 일으켜서 공격한다는 사실을 잊지 마시라.

**1주 차:** 기도코칭을 목사님으로부터 직접 받게 되었다. 나는 먼저 작은 것부터 훈련하기로 마음먹었다. 말씀을 꼭 읽고 기도를 시작하였다. 모든 게 부족했던 나는 잘 모방하는 게 관건이었다. 시키는 대로, 시키는 것만 하기로 하였다. "죽기 살기로 하라" 하면 알맹이가 있게 부서져라 하고, "전심으로 하라" 하면 열과 성을 다하여 굴하지 않는 정신력으로 임하고, "끈기 있게 하라" 하면 가지치기 하여 제시간을 꼬박꼬박 지키고, "정성스럽게 하라" 하면 몹쓸 것들은 다 폐하고 집중하였다. 그 결과로 귀신의 증거들이 꼬리를 물고 하나씩 나오기 시작하였다. 온몸이 오싹하여지고, 귀에서 소리가 나고, '기도해야지' 마음만 먹어도 어지러움으로 팽팽 돌고 또 헛구역질, 가래로 기도 집중을 힘들게 하였다.

**2주 차:** 기침이 너무 심해 밤새 잠을 못 자는 날이 많았으며 약을 먹어도 낫지 않았다. 드디어 몸살로 앓아눕기까지 해 남편의 강한 반대에 부딪혔다. 그래서 영성학교를 가는 대신 집에서 해야지 마음먹었는데 "자매님, 귀신이 잠복해 있는 것이 분명합니다, 오든지 말든지 마음대로 하시고 오늘 오지 않으면 앞으로 볼일 없습니다"라는 돌직구 한 방에 비속을 뚫고 고속도로를 달렸다.

**3주 차:** 땀범벅으로 기침 반 기도 반 하였는데, 어느 날은 기도하기 전엔 완전 방전 상태였다가 기도 후 다시 몸에 힘이 생기는 것을 체험하였다. 기도 후 너무 피곤하여 잠들었는데, 꿈속에서 귀신이 대단한 혈기를 부려 속상해서 넋 놓고 있다가, 다시 기도를 혹독하게 하여 평안을 찾았음.

**4주 차:** 설사를 시작하였으며 꿈에 나의 전체적인 모습이 보이는데 임신 막딸 만삭된 배를 보여 지금도 생생하다. 어떤 날은 밤새 귀신 장난질에 잠을 설치기도 함.

**5주 차:** 혈기 부리는 꿈을 자주 꾸게 되다 보니 은근히 기다렸다가 예수피로 강하게 물리치게 되는 귀신과의 밀당에 성공하게 됨. '기도하러 가야지' 생각만 하면 어지러움을 주었다가, 기도가 끝남과 동시에 어지러운 증세가 사라짐을 또 경험함. 이상한 하품과 팔 오른쪽 어깨에 통증이 생겼음.

**6주 차:** 더러운 꿈으로 기분이 찝찝했음. 그 꿈을 통하여 의심하게 하고 또 혈기 부리는 꿈으로 기분 나쁘게 함. 지속적인 설사로 몸이 가벼워짐.

**7주 차:** 잠든 건 아니고 기도 후 잠깐 쉬려고 누워 눈을 감았는데 귀에서 "배불러"라는 음성이 들려 화들짝 놀라 일어남. 머리 아프게 하고 허리를 집중 공격하며 어깨가 계속 아픔. 하지만 몰입이 되는 기도를 함으로 기도 시간이 훨씬 짧게 느껴지는 한 주였음. 할렐루야!

**8주 차:** 주일에 다니는 교회에 11시 예배를 드리려 앉았는데, 그냥 눈물이 펑펑 쏟아져 시간 내내 손수건을 다 적심. 기도할 때 몸에 자꾸 십자가 긋는 행동을 하여 예수피로 쳐 냄. 의심, 낙심의 생각을 주어 예수피로 물리침. 자는 것도 깨어 있는 것도 아닌 마치 가위눌린 듯한 상태였으나 입으로는 계속 예수피를 외치게 됨. 이 증상이 2일 동안이나 계속되어짐.

**9주 차:** 그동안 아들과 기도하다가 이번 주부터는 딸도 함께 기도함. 기도 중에 눈에서 자꾸 희번덕거리는 빛이 나와 기도를 방해함. 축출기도 후 왼쪽 눈에 구피 새끼만 한 검은 것이 눈동자에 생겨 운전할 때 신경이 쓰임. 속이 울렁거리기도 함.

**10주 차:** 오른쪽 아랫배를 쿡쿡 찔러 놀라며 기도함. 새벽 선잠에도 예수피가 자동 발사됨. 불 다 꺼진 거실을 통과할 때도 눈에서 빛이 번쩍번쩍거림. 운전 중에 알 수 없는 어떤 힘에 이끌려 가드레일 쪽으로 끌고 감. 고속도로 휴게소에서 차가 견인되어 고치고 60만 원 깨짐.

**11주 차:** 이번 주는 거슬림이 자꾸 올라왔으나 비교적 집중이 잘되었음. 기도 시간 개의치 않고 기도하게 되었음. 늘 아프고 짓눌리던 어깨를 누군가 톡톡톡 3번

두드리는 걸 감지함.

**12주 차:** 1개월 만에 눈에 희번덕거리던 빛이 사라짐. 학원에서 와야 할 딸아이가 밤 늦게 돌아오지 않아 결국 혈기 부려 기도를 방해함. 역시나 악한 영의 계략에 넘어간 것이 분해 울며 회개기도함.

**13주 차:** 졸음으로 기도를 방해했으며 머리를 아프게 함. 참혹한 십자가 형상이 기도할 때마다 온몸에 온 세포가 녹아나듯이 뼈저리게 아팠음. 훈련 중임에도 자아가 드러나는 내가 너무 가증스러워 나를 데려가시든지 이런 나를 고쳐주시든지 꼭 해결받으리라 작정하고 기도하다가 죽겠다는 심정으로 새벽 4시까지 몸부림치며 기도함.

**14주 차:** 기도 몰입이 잘 되는 것을 느낌. 몸살로 드러누움. 생활 속에서 올라오는 게 없고 잔잔해짐. 영성학교 오고 가는 2시간 내내 차 안에서 하나님을 부르는 기도를 하게 됨.

**15주 차:** 영성학교에서의 저녁 식사 전 기도 시간이 행복하고 감사했음. 104일 되던 날 모든 것 다 내려놓기로 하고 주님 한 분만이면 족하다는 고백을 온 마음과 뜻을 다하여 하게 됨.

# 귀신을 경험한 사건 열네 번째 이야기
## ― 격렬히 반항하는 귀신

아래 글은 영성학교에서 유난히 귀신들이 떠들어 댔던 자매님의 기도훈련 리포트이다. 떠들어 대는 귀신들이 그리 흔하지 않았지만, 그놈들은 유난히 입을 통해 자신의 상황을 드러내었기에 그분의 글을 올려 드린다.

저는 하나님과 아무 상관없는 사람이었습니다. 전 부정적인 생각이 죄라고 생각한 적이 한 번도 없었고 쉬지 말고 기도하라는 의미도 몰랐고 기도는 그저 나의 필요를 요구하는 게 전부인 줄 알았습니다. 교회가고 영접기도만 하면 천국은 가는 줄 알았습니다. 제가 자살 충동 속에서도 자살하면 지옥 간다는 말이 무서워 실행을 못 했는데 이미 전 지옥 열차 속에 있었던 거였습니다.

제가 목사님 칼럼을 읽었을 때, 다른 건 다 수용하겠는데, 하나님만 부르며 기도하라는 말만 계속 거슬렸습니다. 왜 하나님만 부르라고 하지? 다른 말은 필요 없나? 배에 힘주고 하라는 것도 이상했고, 그러면서도 호기심이 생겼고, 그러다가 영성학교가 세워지고, 계속 글을 읽으면서 저도 기도를 배우고 싶다는 마음이 생겼습니다. 그런데 이 기도를 시작하면 1, 2개월 악한 영이 방해하기 시작한다는 글과 졸업 후기 중 방해받는 내용을 보고 겁을 먹어 차일피일 미루었습니다. 그러다가 결국엔 제가 너무 죽을 것 같아서 방해를 하든 말든 일단 시작하자 해서 목사님께 글을 올리고 기도코칭을 부탁드렸습니다.

3일간 집에서 하는데 제대로 하고 있는 건지 잘 모르겠고, 자꾸 졸리고 하품 나오고, 기도 중에 지저분한 노숙자 같은 사람도 그냥 막 떠올랐습니다. 졸업 후기에도 한 번이라도 와서 현장을 보고 하는 게 도움이 된다고 해서, 하루 견학하고 집에서 하자는 생각으로 왔습니다. 그날 하나님 부르는 기도를 시작한 지 5분도 채 안 되어서 제 속의 귀신이 정체를 드러냈습니다. 그동안 저는 귀신 이야기를 들어도 전 아니라고 생각했습니다. 제 생각에 귀신 들린 사람은 다 정신이 이상한 사람들이고 뭔가 특별할 거라 생각했는데 바로 제가 그 부류였던 겁니다.

제가 기도 시작하기 1개월 전부터 몸 상태가 극도로 악화가 되어 있었습니다. 일단 숨이 차서 밤에 잠을 잘 수가 없었습니다. 가슴은 늘 뻐근했었지만 그 시기에 유난히 터질 듯이 아팠고, 밤만 되면 숨이 가빠져서 자다가 새벽 1, 2시면 깨서 이후로는 계속 깨어 있는 상태였습니다. 기침이 1년 넘게 나와서 약을 먹어도 그때뿐이고, 검사해도 별

이상 없다며 나중에 비염 진단을 하며 약을 줬는데 약은 효험도 없고 기침이 멎질 않으니, 그것도 그것대로 힘들었습니다. 게다가 심장 검사를 해도 아무 이상 없다고 했습니다. 혈압을 체크하니 고혈압 단계가 나와서 이유가 그거라 생각했고 저는 완전히 공포 속으로 들어가기 시작했습니다.

귀신이 정체를 드러내면서 기도 중에 말도 엄청 하기 시작했습니다. 초반에는 예수피 하지 말라고, 무섭다고 하고, 저한테 "너 여지껏 하나님 안 찾았는데 이상하다"고 자기네들끼리 "이제 큰일 났다" 했습니다. 그러고는 몸도 공격하기 시작하면서 배, 가슴, 명치를 엄청 아프게 하고 종종 비명이 터져 나오기도 했습니다.

제 배를 짚으면서 "내 집"이라고 하면서 축출기도 받을 때에는 "내 집 깨진다"고 난리치며 나간다고, 그만하라고, 아프다고, 죽을 것 같다며 별소리를 다 했습니다. 그러다가 저한테 욕하면서 하나님 부르지 말라고, 그만하라고, 그리고 죽으라고 저주도 합니다. 저한테 대놓고 "내가 나가도 기회 봐서 또 올 거다"라고 말도 하고 "네가 날 이길 거 같으냐" 하며 깔보고 "내가 네 주인인데 왜 나가라 하냐"며 "너도 날 좋아하잖아" 이런 소리도 했습니다. 절 지옥에 보내려고 했는데 원통하다고도 했습니다. 축출기도 시에 교수님이 "예수님 제게 오시옵소서" 따라서 기도하라고 하니 초반에 말이 안 나오게 방해를 하다가 겨우 말을 하면 뒤이어 "오시면 안 된다"라고 비명을 질러 댑니다.

전 충주서 가장 시끄럽게 기도한 훈련생입니다. 기도만 하면 비명에 구토에 귀신 말까지 내뱉고 욕을 해 대서 절 모를래야 모를 수가 없습니다. 몸이 안 움직여지게 하는 것도 예사고, 말이 안 나오게도 하고, 몸이 뒤틀려져서 꺾이게도 했습니다. 막판에는 제가 뱀이 되어서 뱀처럼 몸을 움직이고, 배 안에서 크게 꿈틀꿈틀대고 혀도 날름대고 쉬잇 쉬잇거리면서 계속 뱀 소리를 냈습니다. 그러더니 나중에는 아주 사나운 뱀이 되어서 하나님 부르면 입이 찢어지도록, 목젖이 튀어 나올 정도로 카악카악거리는 게 지금도 소름끼칩니다. 하도 카악거려서 지금도 목구멍이 아프고 목소리가 쉬어 있습니다. 저는 성경에 뱀이 나오면 예사로 보이지 않고 예수님이 "독사의 자식들아" 말한 게 그냥 욕이 아니고 진짜라고 봅니다. 귀신이 저를 저주하며 내뱉는 말들이 평소에 제가 생각하던 말들 그대로였습니다. 제가 의도치 않아도 저절로 기도 중에 그 말들이 쏟아지는 걸 보면서, 제가 생각했던 모든 부정적인 생각이 귀신이 넣어 준 거였고 전 그걸 제 생각인 줄 알고 받아들이면서 그대로 따라 한 거란 사실을 알게 되었습니다. 귀신의 말을 들으면 귀신의 종이요, 하나님의 말을 들으면 하나님의 종이라는 사실을 기도훈련하면서 확실히 알게 되었습니다. 그리고 죄라는 게 이렇게 참혹한 결과를 낳는다는 걸 알게 되어, 솔직히 기도 중 아무런 증세가 없는 분이 가장 부러웠습니다. 남한테 민폐 안 끼치고 저도 하나님 편하게 부르고 싶었습니다. 지금은 그렇게 발악하고 안 나가겠다고 패악을 떨던 놈들이 신기할 정도로 잠잠합니다.

# 귀신을 경험한 사건 열다섯 번째 이야기
## — 귀신에게 만신창이가 된 젊은 동포

예전에 캐나다에서 젊은 부부가 짐 보따리를 싸 들고 영성학교에 찾아왔었다. 온몸은 만신창이인데 병원에서는 아무 이상이 없다는 말만 반복하고, 도저히 해결할 수 없었다고 한다. 그래서 결국, 치유하지 못하면 돌아가지 않는다는 굳은 결심을 하고 비행기에 몸을 실었다고 한다. 그러나 그분은 예전에 기도훈련을 시작하자마자 너무 힘들다고 증발해 버린 전력이 있다. 결국 이렇게 몸이 고통스럽지 않았다면, 이 기도를 다시는 하지 않았을 것이다. 일단 그분이 맨 처음 왔을 당시 자신의 증상을 말해 주는 내용의 편지를 올려 드리겠다.

목사님, 현재 제 몸 상태는 이러합니다. 만성 두통과 어지러움, 귀 울림(이명) 현상, 목과 어깨의 심한 통증(목 디스크, 퇴행성 협착증), 목의 이물감, 명치 통증, 명치 오른쪽 갑갑함, 오른쪽 날갯죽지의 심한 통증, 허리 통증, 만성피로, 시력 저하, 역류성 식도염, 속 쓰림, 위염, 장염, 갑상

선의 물혹. 겉만 멀쩡하지 속은 종합병원이네요. 하나님 병원에 입원한 중증 환자라 생각합니다. 주님 보혈의 약과 성령 수술로 몸과 마음이 새사람 되길 간절히 기도하겠습니다. 감사합니다.

다음은 우리나라에 들어와서 기도훈련을 받으며 귀신을 쫓아내고 나서, 최근 병원에서 검사받은 내용의 편지이다.

목사님, 어제 삼성서울병원에서 검사받은 결과를 듣고 왔습니다. 소화기관에 아무 이상이 없다고 합니다. 기능성 소화불량이라고 하네요. 예전에 있던 위염과 식도염도 없어진 것 같습니다. 간 수치도 지극히 정상이고요. 약 먹을 필요도 없이 깨끗하다고 합니다. 확실히 예전보단 속 쓰림도 없고 소화는 잘 되는 것 같습니다. 이제 남은 문제는 두통과 목 디스크, 만성 근육통인 것 같습니다. 그동안 죽을 듯이 아픈 적이 수천 수백 번이였습니다. 사실 그때마다 "하나님 너무 아파요…" 하며 눈물을 흘리며 호소하기도 했으며, 도와달라고 이젠 낫고 싶다고 기도하기도 했습니다. 하지만 한편으론 '나 같은 죄인이 그동안 받은 은혜만 해도 너무 감사해서 몸 둘 바를 모르겠는데 그냥 몸 아픈 대로 살자' 또는 '기도하면 정말 마법같이 뼈가 제자리로 돌아오고 망가진 장기들이 새것으로 변할 수 있을까?', '예수님이 옆에 계시다면 옷깃만 만졌으면 좋겠다, 이스라엘에 가서 예수님 옷을 찾아야 하나?', '정말 하나님께서 죽은 자도 살리신 걸 믿는데 나는 뭐가 부족한 걸까, 그동안 죄를 많이 지어서 지옥에서 받을 벌을 미리 받는 것일 수도 있는 건가?' 하는 생각도 들어서, 아플 때마다 회개도 많이 하였습니다. 또 '장애가 있으신 분에게는 아직 기적이 일어나지 않는 것처럼, 나도 목 디스크 장애라 낫지 않는 것인가?' 이런 생각도 하고 저런 생각도 하고 별의별 생각을 많이 했습니다. 주님께 낫게 해 달라고 지혜를 많이 구하기도 했으며, 제가 아프면서 정말 사람이 아프면 어떻게 되는지, 어떻게 치유해야 하는지, 몸 관리를 어떻게 해야 하는지, 평상시 자세, 운동, 지압 등등 많은 지혜를 얻게 되긴 했습니다. 너무나 감사합니다. 솔직히 병원에서 확실한 병명을 발견하여 수술이라도 받고 한 번에 짠 하고 나았으면 좋겠단 생각도 했고, '아, 정말 내가 기도로 몸이 다 나아야, 가족들과 나를 지켜보는 사람들에게 하나님께서 살아 계심을 나타내고 주님께 영광을 돌릴 수 있을 텐데…' 이런 기대도 많이 했습니다. 사실 몸 상태가 지금처럼 좋아진 것만 해도 기적이라고 할 수 있습니다. 요즘 축출 기도 할 때 그런 기도를 많이 합니다. '주님 저를 통하여 역사하시고 영광받으시옵소서, 우리의 모든 더러움과 약하고 아픈 것이 회복되고 치유되길 소원합니다.'

이 동포는 한국에 와서 3년여를 있으면서 직장에 다니고, 두 아이를 둔 아빠가 되었다. 2년 전 캐나다에 계신 부모님도 초청하여 함께 기도훈련을 하기도 했다. 얼마 전 한국 생활을 마치고 온 가족이 함께 본국인 캐나다로 돌아가면서 편지를 남겼다. 그 일부를 공개한다.

그동안 영성학교를 통해 하나님께 받은 은혜를 조금 나누길 원합니다. 영성학교에 처음 왔을 때 온몸이 종합병원이었고, 병원 원장님께서 몸의 반이 죽은 시체라고 하셨습니다. 하나님도 만나지 못했고 병도 낫지 않은 상태에서 다시 캐나다로 돌아가야만 하는 참담한 상황이었는데, 기적적으로 한국에 정착할 길이 열렸고 다시 영성학교에 남아서 기도훈련을 계속 받게 되어 너무나 감사했습니다. 그 후에 하나님이 은혜로 건강도 많이 회복시켜 주시고, 좋은 직장과 집과 물질도 채워 주셨고 귀한 두 생명까지 주셨습니다. 도저히 받을 자격이 없는 죄인인데 왜 이렇게 큰 은혜를 주시는지 주님께 감사하고 죄송한 마음뿐입니다. 하나님께서 그동안 기도하는 것과, 죄와 싸우는 것에 집중할 수 있도록 삶에 필요한 모든 걸 채워 주셨고 하나님께서 함께하시는 기적들을 너무나 많이 경험하게 해 주셨습니다. 2년 전엔 저희 부모님도 영성학교로 인도해 주셔서 기도훈련을 함께 할 수 있게 해 주셨고 그동안 부모님의 건강을 기적적으로 다 회복시켜 주셨습니다. 할렐루야!

# 귀신을 경험한 사건 열여섯 번째 이야기
## — 탈북하여 중국에서 기도훈련을 한 자매님

3년 전에 한국에 들어와서 정착하여 지금은 영성학교 근처에서 살고 있지만, 10여 년 전에는 북한에서 중국으로 탈출하여, 그곳에서 인터넷으로 필자의 칼럼을 보면서 혼자 기도하던 자매님이 보내 주신 편지의 일부를 소개하겠다.

### 첫 번째 편지

목사님 칼럼에서 쓰신 것처럼 하나님께 기도드릴 때 나타나는 모든 증상들. 메스껍고, 토하고, 밥 못 먹고, 어지럽고, 빈혈이 오고, 이전에 아팠던 곳들 다 아프고, 환청이 들리고, 힘 빼내고, 교통사고 나게 하고, 정말 기도 못 하게 발광하는 놈들. 악착같은 놈들이라는 거 폐부로 느꼈습니다.

## 두 번째 편지

저는 매일매일이 전쟁입니다. 특히 이달에 놈들에게 공격 많이 받았습니다. 한 10일간 잠 못 자게, 불면증 정도가 아니라 낮과 밤이 따로 없이 한잠도 못 자게 공격합디다. 잠 못 자는데 머리 통증도 없고, 어지럽지도 않고, 다른 증상은 하나도 없었어요. 그전에 불면증 증세가 있을 때, 코치님 알려 주신 대로 자기 전에 예수피로 치고는 며칠 안 되서 잠을 잤었거든요. 그리고 기도드릴 때, 기도 처음 시작할 때 나타난 '머리에서부터 발끝까지 온몸에 소름이 쫙 돌으면서 무서운 증상' 또 많이 나타났어요. 너무 악이 나서 잠자는 약 한 번도 먹지 않고 병원도 안 갔어요. 놈들이 기도 못 하게 포기시키려고 악착같이 공격하는 것에 맞서 피 터지게 싸우는 게 정말로 제 살길 아닙니까?

밤에도 말씀 보다가 예수피 치고. '주님께서 네놈들을 다 우리 주님의 발아래 짓밟아 승리하셨는데, 나도 승리한 싸움 싸운다, 내사 무서운 게 없다, 당장 떠나기라 예수피!' 결국 승리했습니다. 3일 전부터 잠자기 시작했습니다. 어제는 6시간이나 한 번도 안 깨나고 잤어요. 오늘은 낮에 너무 졸려서 많이 잤어요. 지금은 목이 잠겨 말소리가 개미 소리처럼 나옵니다. 그리고 맥이 조금 없습니다. 먹는 건 잘 먹습니다. 제가 공격받기 전의 상태는 기도드리는 게 조금 좋아지기 시작할 때였습니다. 아. 목사님이 칼럼에 쓰신 '기도드릴 때 처음엔 힘들지만 기도하고 싶은 마음'. 자꾸 기도 자리에 앉고 싶다는 게 이런 것이구나 생각했댔습니다. 그런데 제가 자만했는지 공격당했습니다. 앞으로 전진 못 하구 자꾸 당합니다.

# 귀신을 경험한 사건 열일곱 번째 이야기
## — 광주의 목사님이 보내 준 편지

　저는 매일 유튜브와 다음 카페에 들어가서 목사님 설교는 물론 칼럼을 보고 있습니다(10가지로 분류해서 반복해서 보고 있습니다). 태어나면서부터 저는 몸이 건강 체질이 아니었습니다. 8남매의 막내이다 보니까 엄마 젖이 나오지 않아 먹지를 못했다고 우리 어머님이 살아 계실 때 항상 안쓰러워 하셨습니다. 그런데 목사님을 만나고 난 후 건강이 너무 너무 좋아졌습니다. 조금 색다른 음식을 먹기만 해도 그렇게 속 쓰림이 아주 심했었고, 매운 음식도 먹지를 못했는데, 지금은 속 쓰림이 전혀 없습니다. 광주에서 유명한 이비인후과를 갔었는데 왼쪽 귀를 보시더니 "이 정도라면 이미 왼쪽 뇌에 이상이 있어야 하는데" 하며 의사 선생님이 놀라셨습니다. 지금까지 살아 있다는 것이 이상하다는 눈치였습니다. 그래서 속으로 그랬죠. '나는 하나님을 믿는 하나님의 사람입니다.' 양쪽 머리가 가끔 짜릿짜릿했었는데 없어졌고 맑아졌습니다. 어느 날 갑자기 왼쪽 눈에 비문증이 오고 흐릿했었는데 아주 밝아졌습니다.

오른쪽 목과 어깨 사이가 단단하게 굳어 있었는데 풀어졌고요. 손발이 아주 차가웠는데 따뜻해졌고요. 아랫배가 차가웠는데 따뜻해졌고요. 오른쪽 가슴이 답답하고 어떨 때는 숨쉬기도 힘들고 아팠었는데 좋아졌고요. 조금 과식했다 하면 소화가 잘 되지 않았는데 소화도 잘 되고요. 치질이 있어서 대변이 아주 가느다랗게 나왔었는데 좋아졌고요. 갑자기 오른쪽 발톱에 무좀이 오면서 발바닥까지 번졌었는데 좋아졌고요. 오른쪽 발가락 사이에 사마귀 같은 게 있었는데 통째로 빠져 버렸고요. 또 목사님을 만나고 난 후 성령님이 제가 20년 넘게 교제해 온 분들 중 특별히 환자 열두 가정들로 하여금 기도를 적극적으로 하게 하셨습니다. 한 가정은 알코올 중독, 담배 중독, 당뇨병이 30년이 넘었다고 하는데 적극적으로 축출기도를 하니까, 본인이 술 끊는 약을 먹어도 2일을 못 가는데 오늘까지 약을 안 먹고도 술 안 마신 지 4일째라고 합니다. 우울증 여동생이 매일 전화를 불나게 하는데 전혀 전화가 없고 조용하답니다. 곡성 장로님이 교회에서 차를 후진시키다가 실수로 친 84살 잡수신 성도님이 병원에서 깁스를 하고 있다고 했습니다. 제가 성도님께 병문안을 가서 주야로 하나님만 간절히 부르라고 가르쳐 드리고 왔습니다. 그런데 성도님이 퇴원하신 후 집에서 대소변을 받아 내고 있다고, 장로님이 8일에 기도를 부탁하시기에 하나님께 간절히 기도했습니다. 그랬더니 20일 주일에 성도님 본인이 직접 걸어서 교회를 나오셨다고, 장로님이 기뻐서 어쩔 줄 모르면서 "목사님, 기도해 주셔서 감사합니다" 하시기로 하나님께 영광을 올려 드렸습니다.

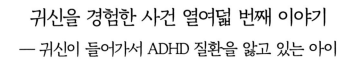

## 귀신을 경험한 사건 열여덟 번째 이야기
— 귀신이 들어가서 ADHD 질환을 앓고 있는 아이

이 편지는 ADHD를 앓고 있던 아이를 둔 아빠가 감사 편지로 보내온 것이다. 그 편지를 소개해 드리겠다.

맏아들 5살 때, 아이가 다른 아이들과는 다르다는 것을 유치원 선생님께 처음 들었고, 정밀 검사를 받아 보라는 권유를 받았습니다. 처음엔 대수롭지 않게 넘겼었는데, 증상이 나타나자 불안해져 병원에서 ADHD 관련 종합 검사 후 ADHD 판정을 받았습니다. '주의력결핍 과잉행동장애'라는 병명이었는데, 주의가 산만하고, 특정한 그림이나 소리에 민감하여 그것에만 집중하고, 신경질적이고 반항적이며 반사회적인 데다가 혼자 지내려는 증상이었습니다. 저와 아내는 우리 아이가 다른 아이들과 다르다는 것을 인정하기 싫었습니다. 저는 교회를 다니고 있었지만, 영성학교에 오기 전까지는 그것이 귀신의 행동인지 전혀 깨닫지 못했습니다. 약으로 치료를 하면 청소년기까지 약을 먹어야 하고,

약물 중독으로 이어질 수 있다는 얘기를 주변에서 들어서 약을 한동안 먹이지 않았습니다. 그런 날은 학교에서 선생님과 상담하면 상원이(가명)가 산만하고 수업을 방해하였다는 얘기를 들었습니다. 호르몬을 제어하는 약을 먹으면 조용해지기는 하는데, 매사에 의욕이 없고 식사도 잘 하지 않으려 했기에 마음이 아팠습니다. 하지만 다른 방법이 없었습니다. 이전에 다니던 교회의 담임 목사님께 찾아가 보았으나 전문의를 연결해 주겠다는 말만 듣고 발길을 돌려야 했습니다. 성도들에게 예수님의 말씀을 가르치시는 목사님이 성경대로 행하지 않는 것이 지금의 교회의 현실임을, 영성학교에 와서 본 후에야 깨달아 알게 되었습니다.

영성학교에 와서 기도훈련을 하겠다고 결심하자 정말 마귀는 저를 가만두지 않았습니다. 기도를 방해하기 시작했고, 그때 목사님이 말씀해 주신 예수피로 쳐 냈어야 하는데 그리하질 못했습니다. 공장이 울산으로 이사 가야 해서 바쁜데 먼 영성학교까지 가서 기도훈련을 하냐, 너무 기도하면 가정생활도 직장생활도 안정이 되지 않겠구나, 속된 말로 적당히 믿고 너무 빠지지 마라라는 마귀의 음성을 듣고 있었습니다. 그 결과로 회개기도도 감사기도도 나오지 않았습니다. 잡초는 물을 주지 않아도 자라듯이 마귀는 저를 다시 불평불만 하게 만들었고 좌절하게 만들었습니다. 이제까지 기도했다고 했지만, 목사님 말씀대로 아무 일도 일어나지 않았습니다. 제대로 혹독하게 전심으로 기도하지 않자, 마귀는 다시 찾아와 생명수 샘물이 없는 곳을 찾다가, 내 영혼이 청소되자 결국 더 악한 귀신 일곱을 데리고 들어왔습니다. 마귀는 저로 하여금 아내를 영성학교에 가지 못하게 하고 집에서 기도하게 만들게끔 조종하기 시작했습니다. 아내는 아이들을 데리고 흔들림 없이 하나님께 기도하러 계속 갔습니다. 영성학교에 발길을 끊은 지 3개월 정도 되었는데 저의 영혼 상태는 원래의 옛 성품으로 돌아갔고, 변한 것 없이 감사도 기쁨도 없었습니다. 또한 아내한테 "영성학교 다니니 이렇게 집 안이 엉망이지" 하는 잔소리도 했으며, 아내가 절약을 안 한 것도 아닌데 탐욕의 습성에서 우러나오는 무조건 절약하라는 잔소리를 했습니다. 잔소리를 하면서 짜증이 났습니다.

제가 영성학교에 가지 않을 즈음에 아이의 문제 행동이 더욱 심해지기 시작했습니다.

더 방관할 수 없었습니다. 저도 기도훈련 할 때보다 더 안 좋아진 것을 직감할 수 있었고 위기감이 생겼으며, 다시 훈련을 시작해야겠다는 마음을 먹게 되었습니다. "단무지과로 기도하라" 하신 목사님 말씀이 생각났고 "기도훈련 시 땀이 젖도록 기도하라" 하신 영성학교 교수님의 말씀도 적용했습니다. 단순 무식한 방법이 제일 빠르다는 것을 믿고 매일 온몸에 땀이 나도록 기도했고, 기도한 후 온몸에 힘이 하나도 남지 않은 것 같았습니다. 그리고 하나님을 아는 지식이 없어 망한다는 말씀에, 그동안 목사님과 교수님의 칼럼과 설교를 들으면서 리포트를 썼습니다. 계속 기도하면서 리포트 답장으로 보내 주셨던 목사님과 코치님의 말씀으로 부족한 부분을 채울 수 있었습니다. 그러는 가운데 하나님은 저에게 회개하는 마음을 부어 주셨습니다. 마음이 애통해지고 좋은 쪽으로 슬퍼지며 예수님을 사랑하게 되는 놀라운 변화가 조금씩 일어나기 시작했습니다. 탄식과 눈물이 나왔습니다. 제가 더러운 빵을 하나님 제단 위에 드리고 어떤 점에서 주를 더럽게 하였나이까? 했고, 하나님은 제가 주의 상을 업신여겨도 된다고 속으로 생각한 것을, 저의 중심을 보셨습니다. 저는 저에게 이득이 되지 않으면 물질과 시간을 하나님께 드리지 않았습니다. 하나님이 저에게 요구하시는 것은 부족하셔서가 아니라 제가 하나님을 가장 사랑하는지, 나의 소중한 것을 하나님께 줄 수 있는지 그것을 보기 위함임을 깨달았습니다.

아이는 이제 약은 먹지 않으며, 이 기도훈련을 하면서 주의가 산만해지거나 과잉 행동이 돌출되지 않습니다. 기도 시간이나 목사님 말씀하실 때 집중하는 모습을 보면 처음보다 많이 좋아진 것이 확연히 느껴집니다. 아이의 담임 선생님도 아이가 학교생활 잘 하고 있다고 합니다.

지금 4학년인 상원이는 3학년 때까지만 해도 약을 먹었고, 내성으로 인하여 약을 먹어도 절제하지 못하였습니다. 그런데 목사님의 예수님께서 주신, 병 고치는 성령의 권능으로 아이에게서 마귀를 내보내신 것과, 이것이 진행 중임을 제 눈으로 확인하기에 이르게 되었습니다. 아무리 좋은 설교를 듣고 영성으로 가득 찬 책을 읽어도, 들어도, 보아도 머리로는 알지언정 마음으로는 깨닫지 못한다면, 눈물 흘리고 애통해하며 전심으로 혹독하게 배에 힘을 주고 부르짖는 회개의 기도를 하지 않는다면, 절대 가슴으로 하나님 말씀이 내려오지 않고 성령님이 찾아오시지 않는다는 것을 깊이 깨닫게 되었습니다. 변하고 싶고 감사하고 싶고 기뻐하고 싶고 기도하고 싶었지만 기뻐할 수 없고 감사할 수 없고 기도할 수 없도록 만들었던 마귀의 육신의 법을 깨뜨리고, 마음에 새롭게 새겨지는 심비의 성령의 법을 옷 입는 유일한 방법은, 오직 전심으로 혹독하게 회개하고 기도하는 방법밖에 없음을, 영성학교 기도훈련 체험을 하지 않고는 경험할 수 없음을 절실히 깨달아 알았습니다.

아이의 아빠가 이 편지를 보낸 지도 벌써 2년이 지났으며, 아이는 정상적인 아이들과 거의 구분이 되지 않을 정도로 많이 좋아졌다. 정신질환은 귀신들이 일으키는 질병이 대부분이며, 귀신을 쫓아내면 회복이 되는 것은 당연한 일이다.

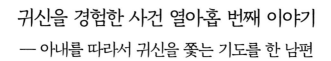

# 귀신을 경험한 사건 열아홉 번째 이야기
## — 아내를 따라서 귀신을 쫓는 기도를 한 남편

아래 글은 영성학교에서 훈련한 훈련생의 후기입니다.

어느 날 아내가 영성학교 얘기를 꺼냈습니다. 워낙 유튜브나 다른 인터넷 사이트를 돌아다니면서 말씀이나 찬양, 이런저런 동영상을 많이 듣고 보는 사람이라 저는 별로 대수롭지 않게 생각하고 얘기를 들었습니다. 얘기를 들어 보고 직접 칼럼도 몇 번 보고 하니, 신 목사님 말씀이 조금 달리 들어오긴 했습니다. 아내는 종종 제 안에 성령님이 계시냐고 물어보곤 했는데, 저도 그럴 때마다 안 계신 것 같다는 생각을 하긴 했지만(성령님이 내 안에 계시면 이렇게 내가 죄를 많이 지을까? 하는 생각을 최근 들어 하고 있었던 상태였습니다) 딱 거기까지였습니다. 더 이상 심각하게 고민하지는 않고 늘 하던 대로 가정예배 드리고, 늘 하던 대로 여러 가지 기도 목록(기도 제목)을 정해 놓고, 어떠한 간절함도 없이 그렇게 기도했습니다. 그러던 어느 날 아내가 영성학교에 가겠다고 하더군요. 갑자기 머리에서 욕이 생각나더니, 그 후로 계속 생각난다고 했습니다. 솔직히 저는 학교 다닐 때 욕을 많이 한 편이라, 아내의 말을 그렇게 심각하게 받아들이지 않았습니다. 그런데 아내는 욕이 생각난 일이 심각하게 다가왔나 봅니다. 저는 아내가 하는 일을 못 하게 하는 스타일이 아니어서, 그럼 갔다 와 보라고 했습니다. 갔다 와서 하는 말이, 축출기도라는 것을 하는데 구토와 헛구역질이 나왔다고 하더군요. 그것이 귀신이 나갈 때의 증상이라면서 말이죠. 제가 다니던 교회에서 부흥회 같은 것들을 많이 했었는데, 그중 어떤 부흥 강사가 성도들을 다 일으켜 세운 후에 "입을 벌리고 큰 소리로 외치면 구역질이 나오면서 귀신이 나간다" 하고 말했던 그때 생각이 났습니다. 그때도 정말 여기저기서 사람들이 구역질을 했습니다. 그러나 딱 거기까지였습니다. 늘 어떤 부흥회든 수련회든 그때뿐이었습니다. 부흥회가 끝나면 아무 일도, 변화된 성도도 없었습니다. 제가 느끼기엔 말이죠…. 그래서 아내의 말을 듣고 저는 조금 반감이 생겼습니다. 혹시 또 예전 그 부흥 강사처럼 이단이 아닌가 하고요.

그래도 아내에겐 그런 내색을 하지 않았습니다. 아내는 영성학교에서 오자마자 저한테 이렇게 기도해 보라고 권유했습니다. 지금까지 했던 기도는 하지 말고, 아랫배에 힘을 주고 전심으로 하나님만 부르라고…. 저는 '뭐 별다른 거 있겠어?' 하고 그날부터 바로 배에 힘을 주고 아내에게 배운 대로 하나님 부르는 기도를 시작했습니다. 그런데 이 기도를 시작한 지 2~3일 뒤부터 이상하게 헛구역질이 나왔습니다. 제가 하고자 해서 나오는 게 아니라 정말 저절로 헛구역질이 나왔습니다. 이 경험을 안 해 보신 분들에게 뭐라 설명을 해야 할지⋯. 아니, 제가 그동안 기도를 안 했던 사람도 아니고 "주여, 주여" 하면서 주님도 부르고, 가정예배 드리면서 나름 3년 정도 기도를 했었습니다. 그때는 이런 증상이 없었는데, 그저 아내 따라서 배에 힘주고 혹독하게 전심으로 하나님만 부른 것뿐이었는데⋯. 갑자기 구역질이 웬 말입니까? 처음에는 제가 몸이 피곤해서 구역질이 나오는 거라고도 생각했습니다. 그래서 아내한테 바로 말하지는 않았습니다. 어느 날은 기도 중 배가 아파 계속 화장실을 가기도 했습니다. 며칠 지나서 아내에게 요즘 기도 중에 자꾸 구역질이 나온다고 말했더니 아내가 얼마나 좋아하던지⋯. 내 안에 귀신이 있으면 혼자 기도하는 게 쉽지 않으니, 이제 영성학교 가서 축출기도 하면서 기도훈련 해야 한다고 했습니다. 저는 망설였습니다. 못 가겠더라고요. 저는 그냥 아내에게 배우면서 집에서 기도하겠다고 했습니다. 매주 충주까지 가는 것도 만만치 않았지만, 아침저녁으로 최소 1시간 이상씩 방해받지 않는 시간에 기도를 해야 한다는 것이 큰 부담이었습니다. 저녁기도는 그나마 조금 습관이 되어 괜찮았지만, 아침 출근 전에 1시간 기도한다는 건 정말 자신이 없었습니다. 영성학교를 꼭 가서 기도훈련 받아야겠다는 절박함보다는 온통 이 기도훈련을 할 수 없는 이유만 대며 1개월 정도의 시간을 보낸 후, 기도를 하면 할수록 구역질의 빈도가 많아지고 강도가 세졌습니다. 저는 마음을 바꾸어 영성학교에 가게 되었습니다.

저는 이렇게 기도했습니다. 6시에 일어나서 1시간 기도. 출근하면서 차 안에서 기도. 회사 도착해서 차 안에서 10분 기도, 말씀 보기. 점심

먹고 10분 기도, 시간 되면 말씀 보기. 퇴근하는 차 안에서 계속 기도하기. 집에 와서 가족과 함께 보혈 찬양 부르고 1시간에서 그 이상씩 기도하기. 이 정해진 패턴을 훈련 중 한 번도 거르지 않고 지켰습니다. 특히 아침에 기도하는 게 자신 없었던 제가 알람 울리자마자 1초도 지체하지 않고 벌떡 일어나 하는 기도를 한 번도 거르지 않을 수 있었던 건, 전적으로 하나님의 은혜입니다. 회사에서도 쉬는 시간 중간중간 회사 동료들과 얘기하는 것을 절제하고, 하나님 생각하고 기도하려고 애썼습니다. 토요일이면 아내와 아들과 함께 1박 2일로 영성학교 기도훈련 참여. 5개월간 했던 기도가 지금까지 제가 살면서 했던 기도보다 더 많은 듯합니다. 아니, 돌아보면 저는 가정예배 드리기 전에 5분도 기도하지 않았고, 가정예배를 드리면서도 늘 채워지지 않은 무언가가 있었고 공허했습니다. 이 기도를 하며 지금은 더 이상 공허하지 않습니다. 하나님을 찾고 부를 때 하나님으로 채워지는 평안함과 만족함, 기쁨을 어떻게 설명할 수 있을까요? 형식적인 예배 의식과 무수한 헌신적인 신앙행위들을 하며 느낄 수 없었던 마음입니다. 기도를 하면서 나타난 증상들로는, 먼저 초반에는 거의 2개월 동안 구역질이 있었습니다. 기도할 때마다 거의 증상이 있었고 어떤 때는 구역질이 10번 가까이 나오기도 했습니다. 이 증상이 없어질 때까지 혹독하게 기도했고, 졸업 1개월 전쯤에는 몸이 뒤틀리는 증상이 있었습니다. "하나님!" 하고 부르면 오금이 저린다고 할까요? 몸이 저절로 꼬이는 것입니다. 가만히 기도를 못하는 거죠. 거의 2주 동안 예수피만 외치며 그 증상과 좀 힘들게 싸웠습니다. 기도하면서 이런저런 경험들이 많이 있었는데 몇 가지 나누고자 합니다. 기도 초반에 기도하는데 똬리를 튼 뱀이 보이는 겁니다.

귀신의 공격임을 인식하고 즉시 예수피로 뱀이 사라질 때까지 기도했습니다. 또 어느 날은 밤에 아내와 아들 없이 혼자 기도한 적이 있는데, 한참 눈을 감고 기도하는 중에 갑자기 눈앞에 귀신이 보이는 겁니다. 눈, 코, 입이 있는, 얼굴이 있는 귀신이 아니라 시커먼 어떤 형상 이미지라고 할까요? 엄청 무섭더라고요. 온몸에 소름이 쫙 끼치며 무서워서 도저히 눈을 뗄 수가 없었습니다. 사라질 때까지 '죽어라, 어디 내가 이기나 네가 이기나 해 보자' 하고 예수피 외치는 싸움을 했습니다. 다행히 얼마 안 있어 눈앞에서 사라지면서 평안함이 왔습니다. 또 한 번은 회사에서 일하는데 두통이 오기 시작했습니다. 평소 두통이 없는 저였는데 그날따라 머리가 정말 많이 아팠습니다. 예수님이 십자가에서 흘리신 피가 내 머리에 뚝뚝 떨어지는 것을 상상하면서 간절히 예수피를 외쳤습니다. 일하면서 그렇게 얼마나 기도했을까요? 씻은 듯이 두통이 사라졌습니다. 기도 중반쯤 심한 몸살에 걸린 것처럼 아프기도 했는데, 더욱 혹독하게 기도하니 몸이 많이 좋아진 일도 있었습니다. 지식으로만 알고 있던 보혈의 능력을 이렇게 실제로 경험하며 기도하다 보니, 어느 순간 보혈의 능력이 머리에서 가슴으로 내려와 새겨지는 것을 경험하였습니다. 이론으로는 그동안 알고 있었죠. "예수 이름으로 명하노니, 예수 보혈의 능력 의지하여 기도하니 더러운 귀신아 나가라" 하는 말씀. 하지만 한 번도 그런 보혈의 능력으로 기도해서 문제가 해결되는 것을 보지 못했고 어떻게 어떤 때에 하는지 알지도 못했습니다. 귀신이 있다는 건 알고 있었고 믿고 있었지만 실감하지 못했고, 더더욱 제 안에 이렇게 많은 귀신이 있을 거라고는 생각도 못 했습니다. 하나님을 찾고 부를 때 이놈의 귀신들이 엄청 싫어하고 방해한다는 것을 알았으며,

이 귀신들과 싸우고 귀신을 쫓아내며 계속해서 하나님을 찾고 부르는 훈련을 하는 이곳 영성학교가 얼마나 감사한지요! 기도할 때뿐만 아니라 삶 속에서 얼마나 나를 넘어뜨리려고, 죄를 짓게 하려고 귀신들이 발악을 하는지. 아니, 저는 귀신들이 발악하지 않고 살짝 미끼만 던져도 덥석 물어 버리고 귀신의 소리를 듣고 살았던, 귀신의 종이었음을 깨달았습니다. 아주 사소한 것일지라도 영성학교 목사님과 코치님, 교수님의 말씀들과 코칭들을 잘 새겨듣고, 지키려고 노력하며 기도훈련에 임했습니다.

# 귀신을 경험한 사건 스무 번째 이야기
## ─ 지독한 귀신이 들린 A 집사

필자는 최근에 거대한 귀신 집단이 잠복하고 있는 사람에게서, 귀신들이 어떻게 그 존재를 드러내게 되었는지 아주 자세히 들을 수 있었다. 주일예배에만 겨우 참석하기 바빴던 A 집사는, 갑자기 금요기도회에 참석하고 싶은 생각이 들어 교회에 갔다가 성령의 은혜를 체험했다. 기도하는 중간에 뜨거운 불길이 자신을 포근히 감싸는 것 같은 놀라운 체험을 했다. 뜨겁지만 아주 평안하고 감미로운 느낌이었으며, 얼마나 황홀한지 말로 표현하기 어렵다고 말했다. 우리가 흔히 말하는, 소위 성령 세례를 받은 것이다. 이후로 그는 자신이 갖고 있던 고질병들이 한꺼번에 모두 치유되는 은혜를 입었다. 그는 그동안 안구건조증으로 고통받아 항상 인공눈물을 소지하고, 눈이 말라 아플 때마다 넣어 주어야 했다. 그런데 그 사건 이후로 지금까지 인공눈물을 한 번도 넣어 본 적이 없다고 말했다. 또 한 가지 질환은 공황장애였다. 공황장애는 갑자기 자신이 죽어 간다는 극도의 공포감이

밀려와 119를 불러 응급실에 가야 하는 끔찍한 정신질환이다. 그는 언제 공황장애로 쓰러질지 몰라 병원에서 처방한 약을 하루에 3번 항상 복용하고 있었다. 그러나 하나님의 은혜를 경험한 이후로는, 약을 끊었음에도 한 번도 공황장애 증상이 일어나지 않았다. 하나님이 말끔하게 치유해 준 것이다. 마지막 질환은 고혈압이었다. 그는 정상적인 사람에 비해 혈압이 20~30 정도가 높아 늘 약을 복용해야 했지만, 그 역시 보통의 정상적인 수치로 되돌아왔다고 한다. 그는 한 가지도 아니고 3가지 고질병이 일시에 완치된 경험으로 놀라워하며 하나님을 더욱 알고 싶어 했다. 그래서 그는 잘 알고 지내던 대학 동창인 목회자에게, 이런 은혜와 느낌을 계속 유지하려면 어떻게 해야 하느냐고 조언을 구했다. 그 목회자는 기도와 말씀에 전념하라고 말해 주었다. 그 이후 그는 매일 2, 3시간 기도하고 1시간 이상 성경을 읽기 시작했다. 그러고 나서 약 4개월 후에 몸에서 일어나는 이상한 현상을 발견했다. 몸에 초능력이 생긴 듯 중력을 무시하는 놀라운 일이 벌어졌다. 의자에 오를 때도 기계체조 선수처럼 가뿐히 날아서 올라갔고, 의자의 3분의 1 부분만 앉아도 마치 접착제로 붙인 듯 움직이지 않았다. 그래서 그는 그동안 받은 하나님의 은혜의 일환으로 생각해서, 하나님은 정말 대단한 분이시구나 하고는 영광을 돌려 드렸다. 그런 현상은 몸에만 일어나는 게 아니었다. 어떤 인격체가 영음으로 자신에게 말을 걸기 시작했다. 그는 당연히 그 인격체를 성령 하나님으로 생각했다. 그런데 그가 지시하는 말은 거룩한 성품의 소유자인 하나님의 그것과는 거리가 멀었다. 어느 날, 그 인격체는 그에게 평소 사업을 같이하고 있는 비즈니스 파트너에게 욕을 하라고 영음으로 지시했다. 그러잖아도 그는 오랫동안 같이 일을 해 왔는데도 파트너가 자신의 이익만을 취할 뿐, 동료를 위한 배려나 동업자로서의 이익을 공유하지 않는다고 불만을 갖고 있던 차였다. 그는 하나님이 본때를 보여 주어야 하는가 보다 하고, 그 지시를 곧장 실행에 옮겼다. 걸쭉한 욕설을 들은 그 파트너는 화가 났고, 두 사람은 심하게 다툰 뒤 그날부터 모든 관계를 끊었다. 그런 다음 A 집사는 그 영음의 실체에 대해 고민하기 시작했다. 평소에 알고 있던 거룩한 하나님의 성품과는 너무 다르다는 생각이 들었던 것이다. 그 이후에도 그 인격체는 여러 지시를 내렸지만 하나님이라고 믿기에는 저속하고 하찮은 내용이었다. 더 이상 생각해 볼 필요 없이, 그는 그 인격체가 하나님이 아니라고 판단했다. 그렇지만 A 집사는 이러한 영적인 현상에 대한 경험이나 지식이 없었기 때문에 무척이나 혼란스러워했다. 그러나 그것도 잠시. 영음의 주인공이 하나님이 아니라고 생각한 그는, 혼자 악령을 축출하는 기도를 해야 한다고 결심했다. 그러자 도저히 상상할 수 없는 일이 발생하기 시작했다. 귀신을 축출하려는 대적기도를 할 때마다 몸 안의 수많은 존재들이 그의 몸을 장악하고 경련을 일으키며 끔찍한 고통을 가하기 시작했던 것이다. 며칠 동안 그런 일에 시달린 그는 기도 자체가 두려워졌다. 그리고 적지 않은 시간이 흐른 후에 우연히 인터넷으로 필자의 홈페이지를 찾아내, 기쁜 마음으로 한걸음에 달려와 그동안 자신에게 발생한 일련의 사건들을 단숨에 털어 놓았다.

A 집사의 몸에 들어간 귀신들은 아주 오래전에 들어가 은밀하게

잠복해 있었음이 틀림없다. 그의 집안 내력은 교회와 무관했으며, 조상신을 섬기고 무속신앙을 받들었었다. 아버지는 말술을 마다하지 않는 술고래였으며, 어머니는 성품이 거칠고 쉽게 분노를 폭발시키는 과격한 성품이었다. 그래서 집안에서는 사소한 일들이 큰 싸움으로 번지곤 했으며 늘 긴장감이 돌았다고 전했다. A 집사 역시 부모님의 성품과 별반 차이가 없었다고 말했다. 1주일에 5일 이상 만취되어 새벽에 대리 기사를 불러 귀가하는 등 아버지에게서 알코올 DNA를 물려받았으며, 사소한 일에도 분노를 폭발시키는 어머니를 빼닮았다고 고백했다. 술에 의존하는 생활 방식과, 툭하면 분노를 동반하는 살벌한 집안 분위기는 귀신들이 부추기는 현상과 일치했다. A 집사의 몸에 들어간 귀신들은 조상 대대로 그 집안을 지배하던 귀신들로서, 자연스레 A 집사의 몸에 침입하여 은밀하게 잠복하고 있었다. 하지만 A 집사가 기도와 말씀으로 경건의 습관을 들이면서 성령의 활동이 시작되자 귀신들은 두려움을 느꼈고, 고통에 시달리기 시작하자 어쩔 수 없이 존재를 드러낼 수밖에 없었던 것이다. 성령이 내주하지 않았다면 그 귀신들은 이전처럼 정신과 몸을 조종하고 공격하며 A 집사의 고통을 즐겼겠지만, 성령이 내주하면서 상황이 달라졌다. 아무리 은밀하게 잠복해 있던 귀신들이라 할지라도 성령이 들어가면 그 존재를 드러낼 수밖에 없다. 그렇지만 A 집사와 같은 경우는 흔치 않다. 건강 검진으로 조기에 암을 발견한 것과 같다고 보면 된다. 그렇지만 대부분의 경우는 귀신들의 공격이 진행되어 정신과 몸을 압박하고 사로잡을 때까지 지속되기 마련이다. 이는 암이 말기로 진행되고 증세가 악화되어, 병원에 가서 조직 검사를 한 후에야 몸에 퍼진

암의 실체가 드러난 것과 같은 경우이다.

  매일 30분간 축출기도를 했는데, A 집사에게 들어간 귀신을 완전히 몰아내는 데는 약 2주일이 걸렸다. 물론 집중적으로 기도했다면 보다 더 짧은 시간이 걸렸을 것이다. 그렇지만 생업을 병행해야 하는 필자 부부로서는 하루에 많은 시간을 할애하기 힘들었다. A 집사의 경우는, 길어야 2~3일 기도해 귀신들이 죄다 쫓겨 나간 다른 경우들과 비교했을 때 귀신들의 양과 질이 확연히 달랐다. 오죽하면 성령께서도 이런 경우는 흔치않은 일이라고 말씀하실 정도였으니 말이다. 첫날부터 나가기 시작해서 끊임없이 나갔다. 그뿐만이 아니다. 나갔던 귀신들도 포기하지 않고 주위를 맴돌면서 다시 들어오려고 시도했고, 몸을 억압할 정도는 아니었지만 어느 정도 다시 잠입하는 데 성공했기에, 새롭게 들어온 놈들을 다시 쫓아내야 했다. 그러나 새롭게 들어온 귀신들은 그리 강하지 않아 A 집사 스스로도 능히 쫓아낼 정도가 되었다. 물론 영적인 능력을 얻는 기도를 할 수 있게 될 때까지는 오랜 시간이 걸린다. 그래서 A 집사가 스스로 축출기도로 쫓아내려면 무려 서너 시간 정도가 걸렸지만, 필자 부부에게 와서 기도를 받으면 10분 이내로 완전히 쫓겨 나갔다. 그렇지만 시간이 지나면 다시 들어오곤 했다. 성령께 그 이유를 물어보니, A 집사에게 기도훈련을 시키려고 귀신들이 들어오는 것을 허용했다고 말씀하셨다. 실제로 A 집사는 상당한 수준의 축출기도를 할 수 있게 되었으며, 지금도 꾸준히 하루에 서너 시간 동안 기도훈련을 하고 있다. 어느 정도 훈련이 완성되면 앞으로 필자의 축출 사역에 그를 동참시킬 예정이다.

성령께서 필자에게 A 집사를 사역의 동역자로 불러 주셨다고 말씀하셨기 때문이다.

A 집사의 경우는 지금까지 경험했던 중 아주 힘든 축에 속했지만, 귀신들의 공격이나 움직임을 알 수 있는 귀중한 경험이었다. 처음 며칠은 그냥 귀신들이 끊임없는 기침과 고성 그리고 "두두두두" 하는 기이한 소리와 함께 축출되었지만, 어떻게 붙어 있는 건지 가늠하기 어려웠다. 그렇지만 시간이 갈수록 그들의 움직임을 어느 정도 알아챌 수 있었다. 귀신은 몸 어느 곳에든 붙어 있을 수 있다. 예를 들어 머리, 눈, 가슴, 배 등 어느 곳에든 붙어 있을 수 있는 것이다. 붙어 있는 장소는 기도 중에 민감하게 살펴보면 느낌이 온다. 무언가 묵직하고 불편한 느낌이 든다고 한다. 그리고 성령으로 기도할 때 유독 귀신이 붙어 있는 부위에서 움직임이 크고 경련이 일어난다. 머리에 붙어 있으면 두통이 일어나며, 심장 부위에 붙어 있으면 심장을 자극해서 잔기침을 끊임없이 하게 된다. 선천적인 천식 증상 중 적지 않은 경우가 귀신에 의해 일어난 질병임을 알 수 있었다. 센 귀신들은 붙어 있는 느낌도 아주 크고, 약한 귀신들은 움직임도 작다. 어떤 센 귀신은 어찌나 큰지 몸 전체가 꽉 찬 느낌도 들었다고 한다. 그래서 축출기도를 할 때 다른 약한 귀신들은 쫓겨 나가기 바쁜데, 센 놈들은 꿈쩍도 하지 않아서 과연 이놈들을 쫓아낼 수 있을까하는 거대한 공포에 사로잡히기도 했었다고 한다. 오래전부터 붙어 있었던 놈들은 붙어 있는 부위나 크기를 가늠하기 어려웠지만, 새로 들어온 놈들은 금방 알아챌 수 있었다. 앞서 말했지만, 몸의 일부분에 무언가 묵직

하고 불편한 느낌이 든다면 그곳에 귀신이 붙은 것이다. A 집사는 그 느낌을, 음악이 평안하게 흐르다가 갑자기 끊기는 듯한 기묘하고 어색한 정적이 흐르는 느낌으로도 설명했다. 필자가 직접 체험한 느낌이 아니라서 구체적으로 전달하는 데는 한계가 있지만, 무언가 이상하고 괴기하며 불편한 느낌이 든다는 것만은 분명하다. 오랫동안 축출기도를 하지 않았다면 세미한 움직임에 불과한 이런 느낌을 알아챌 수도 없고, 설령 미묘한 느낌을 감지했다고 하더라도 이게 귀신이 붙는 느낌이라고 누가 상상할 수 있겠는가? 이런 느낌들이 많아지면 기도에 방해를 받기 시작하며 몰입하는 게 어려워진다. 그리고 몸 여기저기서 이상 신호가 오고 불편한 느낌이 커지면, 비로소 축출기도를 하게 될 때가 되었다고 판단해서 축출기도를 시도한다. 귀신이 쫓겨 나가는 기본적인 증상은 타액이 계속해서 배출되고, 몸이 고통스러우며, 끊임없는 기침이 계속되는 것이다. 완전히 쫓겨 나가면 그렇게 몸이 가볍고 상쾌할 수가 없다고 한다. 그렇지만 성령이 내주하시는 기도에 의해 그들의 존재가 발각되고 쫓겨 나가는 것이지, 그렇지 않다면 수백 마리가 잠입해도 은밀하게 붙어 있기에 전혀 눈치채지 못한다.

# 귀신을 경험한 사건 스물한 번째 이야기
## — 음란 귀신이 잠복한 사건

　일반적인 귀신의 속성이나 계략은 사람들을 유혹하여 죄에 빠지게 하거나 정신과 육체를 장악하여 생명과 영혼을 유린하는 것이다. 그 중에서도 가장 치명적인 공격 형태가 음란과 불륜의 죄악에 빠지게 하는 것인데, 이는 음란한 귀신들이 적지 않게 존재하기 때문이다. 귀신들은 형체만 없을 뿐 고도의 지능을 가지고 있으며, 각각의 개성도 천차만별이다. 필자는 사람의 몸에 틈을 타서 들어가 생각을 조종하는 다양한 귀신에게서 그들의 정체성을 알 수 있었다. K 형제님은 이미 30대 중반이며 결혼한 신분으로, 평소에 아내를 제외한 다른 여자에게 별 관심이 없었다. 회사 일로 유흥주점에서 접대를 해야 할 경우에도 술을 따르는 업소 여성의 손조차 잡지 않았다. 그런데 갑자기 음란한 생각이 들어와서 떠나지 않았다. 메일로 들어온 포르노조차 클릭하지 않았던 그였는데, 머릿속에는 음란한 생각이 넘쳐 나며 불륜을 저지르는 상상으로 가득 찼다. 그에게 음란 귀신이 들어와 공격을 한 것이었다. 그래서 그에게 들어온 귀신을 축출기도로써 쫓아내자 그런 현상이 없어졌고 예전의 그로 되돌아갔다. 귀신이 들어오는 사람들에게는 한 마리만 들어오는 경우도 있지만 여러 마리가 같이 들어오는 경우도 다반사이다. K 형제님에게는 음란 귀신과 더불어 자살을 충동질하는 귀신도 같이 들어왔다. 언젠가 등산을 할 때 갑자기 우울해지면서 세상 살기가 싫어지고, 소나무에 목을 걸고 싶다는 생각이 집요하게 들어와서 적지 않게 당황했었다고 한다. 그는 이전에 자살에 대해 생각해 본 적도 없고, 자살할 이유가 전혀 없었다. 만약 술에 취해 의지가 약해지거나 통제력이 취약한 상태였다면 충동적으로 자살을 시도했을 가능성이 크다. 이 귀신 역시 축출기도를 할 때 음란 귀신과 같이 나갔기에 다음에는 그런 현상이 전혀 일어나지 않았다. 우울증에 걸려 자살 충동을 느끼거나 실제 자살하는 많은 경우가, 자살을 유도하는 귀신에 의한 공격인 일이 적지 않다.

필자의 지인이자 평범한 가정주부인 P 여사에게 생긴 일이다. 그녀가 여중 시절에 총각 선생을 사모하여 짝사랑에 빠진 적이 있었다. 물론 그 총각 선생은 어린 제자에게 개인적인 관심을 전혀 보이지 않았다. P 여사는 친구들 사이에 소문이 날 정도로 열병에 시달렸지만, 그것은 사춘기 소녀에게 흔하게 있는 현상으로, 그 시절이 지나가니 애잔한 추억으로만 남아 있었다. 그런데 동창생들을 보고 싶어 인터넷 사이트인 아이러브스쿨에 가입하고 댓글과 전화번호를 올렸는데, 30년 전의 그 총각 선생에게서 연락이 왔다. 그 총각 선생은 여전히 교사의 신분이었지만, 결혼을 하지 않고 독신자로 나이가 60세에 가까운 초로의 중년이었다. 호기심에 못 이겨 그 선생을 만났고, 그 만남은 종종 술자리로 이어졌으며, 그 교사가 스킨십을 요구할 정도로 급속도로 진행되었다. 그때서야 P 여사는 필자에게 고민을 풀어놓았다. P 여사는 한때 교회에 열심히 다녔지만, 시험에 들어 그 당시에는 교회에 출석하지 않았기에 신앙이 땅에 떨어지고 영적으로 심한 무기력감을 느끼던 상태였다. 하나님은 꿈으로 그 교사에게 잠입한 악령의 정체를 보여 주셨는데, 그 선생이 귀신처럼 벽을 뚫고 들어오면서 잠자고 있는 P 여사를 보고 음흉한 미소를 짓는 모습이었다. 그 교사를 통해 음란 귀신이 공격하는 것임을 직감한 필자는 P 여사에게 동의를 구하지 않고 그 교사에게 찾아가서, 앞으로도 유부녀인 P 여사를 개인적으로 만난다면 교육청에 고발하고 이 사실을 교장에게 통보하겠다고 강력한 경고를 하였다. 그런데 필자가 그 교사를 만나고 더욱 놀란 사실은, 깡마르고 주름살이 패진 60세의 초라한 모습에서 성적인 유혹에 이끌리고 홀딱 반할 만한 구석이 전혀 없었다는 점이다. 사실 P 여사도 그 교사가 남성으로 보이지도 않았고 호감을 전혀 느끼지 못했는데, 술이 한잔 들어가면서 마음이 흔들려 관계가 급속도로 가까워졌다고 밝혔다. 이 경우에도 음란을 유도하는 귀신이 P 여사를 공격하여 불륜에 빠지도록 부추긴 것이다. 만약 정이 들어 그랬다면 헤어진 사실에 연민의 정으로 무척이나 괴로워해야 하는데, 전혀 그러한 생각이 없이 그때의 사건은 잊혀졌다고 한다. 사실 P 여사는 평소에도 이성적인 관심이 전혀 없었고 음탕하다고 생각할 만한 행동을 전혀 보이지 않았다. 그럼에도 불구하고 추억을 빌미 삼아 만나서 술을 마시게 하여 통제력을 잃게 한 후에 불륜에 빠지도록 유도하였던 것이다. 이처럼 음란 귀신은 우리 주변을 돌아다니면서 포르노에 빠지게 하거나, 쾌락에 약한 사람들의 틈을 타 음란과 불륜을 저지르게 하고, 불행 속에서 고통 받게 하는 것을 즐기고 있다. 무서운 일이다.

# 귀신을 경험한 사건 스물두 번째 이야기
## ― 혼미하게 만드는 영

　O 집사가 젊은 나이에 시집왔을 때, 남편의 가정에는 어두운 그늘이 드리워져 있었다. 남편은 운송 회사의 대형 트럭 운전사여서 매달 월급을 받아 왔지만, 아내의 손에 쥐여 주지 않았다. 밀린 외상값을 갚고 나면 빈털터리가 되기에, 외상 인생으로 하루하루를 살아가고 있었다. 그 외상값의 대부분은 술주정뱅이인 남편의 술값이었다. 그녀는 평생 이사만 25번 했다고, 고단한 인생을 담담하게 밝혔다. 남편의 삶은 운전하다가 낸 사고로 얻은 과실 치사죄 전과와, 이웃의 사기로 교도소에 들어갔던 일 등 불행의 연속이었다. 장성한 아들 역시 믿었던 친구의 사기와 사업 실패로 인해 빚더미에 올라, 나이 40이 넘었어도 결혼은커녕 재래시장에서 허드렛일을 하며 근근이 살아가고 있었다. O 집사는 젊을 때부터 다리와 허리에 관절염을 앓고 있어 걸어 다니기도 힘든 형편이었으며, 머리가 혼미해져서 집중을 할 수 없는 이상한 현상에 시달렸다. 남편과 함께 편의점을 운영하느라 늘

비몽사몽으로 지냈고, 틈만 나면 잠이 쏟아지곤 했다. 5, 6년 전부터 교회에 다니고는 있지만 설교가 머릿속에 들어오지도 않았고, 성경을 읽을 엄두도 못 냈으며, 기도를 해도 5분을 지속하기가 힘들었다. 그 원인에 대해 성령은 가정을 혼잡하게 하는 악한 영 때문이라고 말씀해 주셨다. 그래서 필자의 기도훈련에 동참하여 2주일이 지나자, 혼미하던 머리가 맑아졌고 1시간 기도해도 집중력을 잃지 않았으며, 처음으로 성경을 1장 이상 읽을 수 있다면서 놀라워했다. O 집사의 삶이 고단하고 불행한 이유는, 오래전부터 그 집안을 장악하고 가정을 혼란시키는 악한 영의 공격 때문이다. 성령이 일러 주시지 않았더라면 불행한 인생의 원인에 대해 무지한 채 고통스럽게 살아갔을 것이 틀림없다.

또 다른 예로 K 자매님의 경우를 들어 보겠다. 어느 날 K 자매님의 아버지가 필자를 찾아왔다. 딸이 중학교 때부터 정신이상으로 왕따를 당해 우울증과 신경쇠약증을 앓고 있으며, 기괴한 행동을 일삼고 있다고 말했다. 아버지는 2년 전부터 교회에 출석하고 있으나 어머니와 딸은 신앙에 극도로 부정적인 태도를 보여, 교회에 가자고 종용하면 날카롭고 신경질적인 반응을 보이고 있다고 하였다. 그래서 기도모임에 참석하여 기도했다. 그런데 도중에 성령님이 영음으로 그 가정에 사탄의 무리가 있다고 말씀하셨다. 그러면서 먼저 아버지를 말씀과 기도로 무장시키고, 그다음에는 어머니를 위해 기도를 하고, 마지막으로 딸을 위해 기도하라고 하시면서, 그 순서를 어기지 말고 지시대로 따르라고 하셨다. 그 뒤에 아버지와 대화함으로써 딸에게 들어온 귀신의 배경을 알게 되었다. 아버지 쪽 집안은 예전에 교회를 다니고 있었지만, 그는 어린 시절 신앙을 잃고 살았다. 그러던 중 결혼하여 20여 년을 지내다가, 딸 문제로 고민하면서 다시 교회로 나간 것이다. 그런데 문제는 아내의 집안이었다. 아내의 집안은 대대로 우상을 섬기던 집안으로, 자주 무당을 불러 굿을 하였다고 한다. 그래서 장모와 아내의 이기적이고 자기중심적인 성품과, 돈만 밝히는 탐욕적인 성격이 빼다 박은 듯 닮았다고 한다. 심지어는 딸이 아파 병원에 입원해 있어도 병문안은커녕 관심조차 보이지 않는다고 한숨을 내쉬었다. 딸에게 들어간 귀신은 대대로 가정을 지배하며 억압하던 이들이었던 것이다. 딸은 상태가 심각해서 정신이 황폐해질 정도의 위험한 지경에 있었고, 아내는 냉혹하고 탐욕적인 성품으로 변질되어 있었던 것이다. 이는 귀신이 몸에 들어가 지배하고 억압하고 있기 때문이었다. 성령께서는 기도 중에 그 가정을 수술해 주겠다는 단호한 언어를 사용하시면서, 딸을 치유하기 이전에 아버지를 성령으로 무장시키고, 아내에게 들어간 귀신을 먼저 쫓아내야 한다고 하셨다. 그렇지 않으면 딸에게서 귀신을 쫓아낸다고 할지라도, 가정을 지배하고 있는 귀신들이 다시 들어가서 억압하기 때문에 모든 게 헛수고가 되기 때문이다.

K 자매님은 23살로, 대부분 집에 틀어박혀 있다. 실제로 그녀의 행동은 기괴하기 짝이 없다. 식사 시간에는 무려 3시간이 넘도록 밥을 먹는다. 밥알 한 알 한 알 아주 천천히 입에 밀어 넣는다. 밥을 먹는 건지 시간을 때우는 건지 알 수 없다. 사정이 그렇다 보니 하루 세 끼

를 먹는 데 9시간이 넘게 걸린다. 하루의 반을 식사하는 데 보낸다고 해도 과언이 아니다. 식구들이 밥상을 치우면 격렬하게 반응하기에 밥상을 빼앗지도 못한다. 자신이 좋아하는 과자는 칼로리까지 세심하게 따져 총량을 계산한 뒤 부모에게 구입해 달라고 요구한다. 그녀는 다이어트를 하는 게 아니다. 정확하게 말하면 극심한 편집증 증세를 보이는 것이다. 밤에는 밤새도록 TV를 시청하고 낮에는 자기 방에 틀어박혀 있다. 졸리면 누워 자야 할 텐데, 피곤해도 방 안에 앉아서 꾸벅꾸벅 졸고 있다고 했다. 그렇지만 자신의 행동을 질책하거나 간섭하려 들면 가재도구를 집어 던지거나 험악한 욕설을 하는 등 극도의 신경질적인 반응으로 돌아오기에, 집안 식구 아무도 그녀를 제지하지 못했다. 중학교 때 이미 이상 현상을 보였지만 친구들에게 왕따를 당해 증상이 악화되었다고 한다. 그 후에 정신과 의사를 수없이 찾아다녔지만 상태는 더욱 악화되고 있었다. 필자가 그녀의 원인을 알려고 기도하니, 성령께서 그 가정에 사탄의 무리가 있다고 말씀하셨다. 성령은 집안을 지배하고 있는 사탄의 세력을 무력화시키기 위해 먼저 부모가 성령이 내주하시는 기도 습관을 들이는 게 우선순위라고 하시면서, 그런 다음 그녀의 질병을 치유하고 회복시켜야 한다고 말씀하셨다. K 자매님은 중학교 때 급우들로부터 받은 충격을 회복하려고 애쓰기보다, 자기 방에 들어가 내면의 세계에 틀어박혀 지내다 보니 병을 키운 것이다. 물론 집안을 지배하는 귀신이 생각을 부추기며 증폭시켜 화를 키운 것이 틀림없다.

# 귀신을 경험한 사건 스물세 번째 이야기
## ― 알코올 중독은 귀신의 작업이다

　필자의 지인 중에, 풍광이 수려한 교외에서 통나무로 직접 지은 레스토랑을 운영하는 사람이 있었다. 그는 마음이 따뜻해서 불우한 청소년들을 도와주고 통나무집을 직접 지을 정도로 재능이 풍부했지만, 술을 너무 좋아한 게 늘 화근이었다. 비록 교회는 나가지 않았지만 하나님께 관심이 많아 내가 쓴 책도 정독해서 읽었으며, 기독교 TV를 즐겨 시청하곤 하였다. 그래서 필자는 전도를 해서 그를 크리스천으로 만들 생각이었다. 그런데 문제는 술을 너무 좋아한다는 것이었다. 평소에는 과음을 하지는 않았지만, 화가 나면 폭음을 하는 버릇이 있었었다. 폭음을 시작하면 식사를 거르고 술에 절어 살았다. 매일 소주 너댓 병을 마시곤 하였으며, 그것도 1주일 정도 계속되었다. 술이 깨면 다시 술을 찾는 알코올 중독자의 전형적인 모습을 보였다. 그러다 체력이 떨어지고 술병으로 고통스러워하게 되면 비로소 폭음을 중지했다. 병원을 찾고 약을 먹으면서, 정상적인 삶으로 돌아오면 다시는 술을 입에 대지 않겠다고 결심했지만 그것을 믿는 가족들은 아무도 없었다. 그동안 알코올 중독 증세로 정신병원에 가기도 했고 이혼 법정에 서기도 했지만 그 버릇은 고쳐지지 않았다. 그렇지만 술을 마시지 않은 상태에서는 그렇게 사람이 좋을 수가 없었다. 그래서 필자는 그를 전도하여 교회에 나오게 하려고 애썼다. 그런데 화날 일만 생기면 다시 폭음을 하는 사건이 1년에 서너 차례 계속되었다. 여러 번 권면해도 필자의 말을 듣지 않자 그에 대한 기대감을 버렸다. 이러한 현상은 사탄이 틈을 타서 분노를 촉발시키고 이성을 잃게 만들기 위해 술을 마시게 하는 것이라는 걸 나중에야 비로소 깨달았다. 평소와는 달리 화가 나서 술을 마시게 되면 으레 폭음으로 이어졌고, 폭력을 행사하는 일도 잦았다. 언젠가 그가 내게, 이상하게 화가 나면 분노가 머릿속에 뻗치고 자신도 모르게 폭음으로 이어지게 된다고 고백했었다. 술을 마시다가 환상이 보이고 환청을 듣는 일도 자주 있었다고 고백했다. 결국 그는 내 조언을 뿌리치고 술을 마시다가 급기야는 이혼을 당하고 가족을 떠나 폐인이 되어 버렸다. 이런 결말은 사탄이 술을 통해 사람을 폐인으로 만드는 전형적인 모습을 보여 준다. 그가 밤중에 술에 취해 있을 때, 누군가가 시끄럽게 웃고 떠드는 소리가 나서 화들짝 놀라 나가 보면 아무도 없어 두려운 생각이 엄습하곤 했다. 그러다가 한번은 똑같은 소리가 들려서 영업이 끝나 불이 꺼진 레스토랑 문을 열고 들어갔다가, 사람들이 천장에 거꾸로 매달려 있는 것을 보고 경악했다. 물론 실제 상황이 아니라 귀신이 환청과 환각을 일으켜서 공포에 휩싸이게 한 계략이었다. 그렇지만 술에 취한 기간이 길어지면서, 그 속박에서 풀려나기에는 이미 늦어 버렸다. 필자의 조언을 듣지 않았기에 속수무책으로 떠내려간 그의 인생은 최악의 불행으로 끝이 났다. 글을 쓰는 이 순간에도 그의 순수한 미소가 생각나서 가슴이 울컥해지고 마음이 아프다.

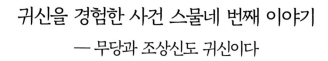

# 귀신을 경험한 사건 스물네 번째 이야기
## — 무당과 조상신도 귀신이다

조상 때부터 대대로 귀신을 섬기던 집안은 귀신들이 그 집안에 머물며 지배하고 있다. 예전에 필자가 만난 늙수그레한 U 집사는 젊을 때부터 무당이었다. 무당이 하는 일은 귀신을 섬기는 일이다. 굿을 하고 제사를 지내며, 귀신이 좋아하는 일을 맡아 하는 직업이다. 시골의 고향을 떠나지 않고 오랫동안 귀신을 섬기는 무당 일을 하고 있었는데, 그 귀신들의 노예로 사는 신분에게는 참다운 평안도 행복도 없다는 것을 뒤늦게나마 깨닫게 되었다. U 집사는 무당으로 있으면서 지병을 얻게 되었다. 그것은 자신이 섬기는 귀신들이 넣어 준 것으로, 아무리 애원해도 고쳐 주지 않자 결국 무당을 그만두기로 결심했다. 그래서 무당 옷과 굿하던 도구들을 모두 불태우고 교회로 나오자, 그 귀신들은 U 집사를 집요하게 공격했다. 그럴 때마다 교회에서 살다시피 하면서 성령의 도우심을 간절하게 기도했다고 한다. 그 집사는 영적인 직업을 오래 갖고 있어 귀신에 대해서도 잘 알고 있었으며, 성령의 능력에 대해서도 확신이 있었다. 몇 개월을 쫓아다니며 집요하게 공격하던 귀신들도 성령의 능력 앞에서는 속수무책인 것을 확인했을 즈음에야 비로소 귀신들이 공격을 중지했다고 한다. 귀신을 섬기는 사람들은 그들의 노예로 평생 살아야 한다. 그 집안사람들도 예외는 아니다.

또 한 실례를 들어 보겠다. 필자의 기도훈련 모임에 참석하고 있는 제자의 증언이다. 그 제자의 고향은 계룡산 밑의 전형적인 농촌이다. 그 고향에는 아주 어릴 때부터 박수무당이 살고 있었다. 그런데 그 무당은 어찌된 일인지 알 수 없는 병에 걸려, 몸이 쪼그라들며 걸음도 걷기 힘든 형편에 처했다. 유명하다는 병원을 찾아다니며 진단을 해 보아도 증상의 원인을 알 수 없었기에, 제대로 된 치료도 받지 못하고 시름시름 앓다 급기야는 죽음에 임박한 지경에 이르렀다. 내 제자의 외숙모가 주위에서 그 무당을 지켜보고 있었다. 그녀는 그 무당에게 교회에 나가 보라고 권유를 했다. 평생 무당으로 살았던 그가 그 조언을 받아들일 리 만무했다. 그렇지만 자신도 해결책이 없고 사경을 헤매게 되자 드디어 교회로 나오기로 결심했다. 필자의 제자가 고향의 교회에 가서 예배를 드리던 날, 그 무당은 걸어서 교회에 나올 수가 없어 리어카에 실려 나왔다고 한다. 그런데 놀라운 일이 발생했다. 그 무당이 예배를 마치고는 걸어서 돌아갔다는 사실이다. 그 이후로는 하루도 빠짐없이 교회의 새벽예배에 참석했다. 그런데 제자가 나중에 그에게서 이런 말을 들었다며 필자에게 전해 주었다. 교회에 나가자마자 귀신들이 끊임없이 찾아와 괴롭히려 해서, 도저히 기도를 중단할 수가 없다는 것이다. 평생 귀신을 섬기고 있던 그를 곱게 놔줄 리가 없었던 것이다. 그가 병마에서 놓임을 받아 건강하게 회복된 것을 본 많은 고향 사람들이 하나님이 살아 계심을 믿고 교회에 나가기로 했다.

무당의 신분이었던 그 두 사람의 공통점은 귀신들이 지속적으로 쫓아다니며 괴롭혔다는 것이다.

무당이 아니더라도 우리네 조상들은 무던히도 귀신을 섬겼다. 절기마다 떡을 하거나 매일 정화수를 떠 놓고 비는 것은 예사였고, 집 안에 신줏단지를 모셔 놓고 절을 하고 제사를 지내는 것도 일과였다. 현대식 점포 안에 실을 칭칭 감은 명태를 걸어 놓은 기괴한 모습도, 점포의 경영자가 귀신에게 고사를 지내고 그들을 섬기고 있다는 증거이다. 모든 집들이 열정적으로 귀신을 섬긴 것은 아니겠지만, 지극정성으로 섬기는 집안도 적지 않다. 그래서 그런지, 조상 때부터 귀신을 열심히 섬겼던 집안의 자제들이 귀신의 공격을 받는 경우가 훨씬 많다. 이는 대대로 집안을 지배하며 억압하는 귀신의 소행임에 틀림없다. 귀신이 사람을 공격하는 행태는 여러 가지이다. 그렇지만 고통을 주고 불행을 야기하는 것은 똑같다. 그런 집안 출신으로 처음 교회에 나온 이들이 처하게 되는 어려움과 고난은 바로 악령들이 사주한 것인 경우가 적지 않다. 그래서 교회에 나오자마자 불행한 일을 당했다고, 겁을 집어먹고 공포에 휩싸여 복음을 포기하는 사람들이 많은 것이다.

지금은 복음을 받아들여 전도를 열심히 하고 있는 어느 권사는 조상 때부터 조상신과 미신을 억척스럽게 섬겼던 집안 출신이다. 그런데 이웃의 권유로 교회에 나오자마자 흉흉하고 기괴한 일이 잇따랐다. 그리고 꿈에 두루마기와 치마저고리를 입은 윗대 조상들이 나타나 자신을 괴롭히는 일이 수도 없이 많았다. 그들의 목적은, 교회를 다니지 말고 예전의 자신처럼 조상신과 미신을 섬기라는 메시지를 전하는 것이었다. 처음에는 갈등과 고민으로 고통스러웠지만, 그 권사는 굳은 결심으로 무시해 버렸다. 그랬더니 시간이 지나면서 이들이 꿈에 나타나는 일이 뜸해졌고 지금은 거의 없다고 한다. 꿈에 조상이 나타나서 하는 행위들을 무슨 특별한 메시지가 있는 것처럼 받아들이는 이들이 주변에 많다. 꿈의 종류에는 하나님이 주는 꿈과 그 반대로 사탄이 주는 꿈도 있지만, 소위 말하는 개꿈도 있다. 특별한 내용이 없이 생리적인 현상에 의해 자연스레 꾸는 꿈들도 있는 것이다. 하나님이 주는 꿈은 메시지가 분명하며 악령이 주는 것도 마찬가지이다. 문제는 악령은 조상이나 부모 혹은 친한 이웃들로 위장하여 속이는 경우가 적지 않다는 것이다. 그러므로 이들의 꿈에 휘둘리지 말아야 할 것이다. 신앙이 깊어지고 성령이 내주하시는 기도를 하게 되면 하나님이 갖가지 통로를 통해 이런 악령들의 계책을 알게 해 준다. 그렇지만 교회에 나가고 있어도 하나님과 동행하는 기도가 없다면 귀신들의 공격에 시달리는 경우가 흔하다. 이처럼 귀신들은 모든 수단 방법을 동원하여 자신들을 섬겼던 가정을 대대로 이어 가며 지배하고 싶어 하기 때문이다.

# 귀신을 경험한 사건 스물다섯 번째 이야기
## — 대인기피증도 귀신의 소행이다

S 집사는 부모 때부터 기독교를 섬기는 집안이어서 어릴 적에는 부모를 따라 교회에 나갔지만, 성인이 되면서 하나님을 잊고 세상에 나갔다. 그의 아내는 미신을 섬기는 집안 출신이었지만 그는 개의치 않았다. 그런데 미국에 조기 유학 보냈던 아들이 탈이 나서 돌아왔다. 유학 생활에 적응하지 못하고 중도에 포기하고 돌아온 아들은, 귀국한 이후로 사람이 달라졌다. 대인기피증이 생겨 사람을 만나는 것을 두려워하고 집에만 틀어박혀 지내려고 했다. 그뿐만이 아니다. 우울증과 불면증도 생겼다. 처음에는 미국에서 적응하지 못한 후유증 때문이려니 하고 가볍게 넘겼는데, 시간이 지나며 증세가 계속 악화되었다. 여러 병원을 찾아다니며 입원과 퇴원을 반복하고, 처방을 받아 약을 복용하였지만 병세는 나아질 기미가 보이지 않았다. 유학을 잘못 시켜 장래가 유망했던 아들을 버렸다는 생각에 후회막급이었지만 이미 엎질러진 물이었다. 그리고 몇 년이 지나자 집안에 틀어박혀 있

는 아들은 주변 사람들의 관심에서 멀어졌다. 하지만 부모에게는 살을 저미는 아픔이었다. 그러다가 S 집사는, 그간의 사정을 잘 아는 직장 동료의 소개로 필자를 찾아와서 자신의 사정을 털어놓은 것이다.

그 아들은 흔히 나타나는 정신질환의 증세를 보이고 있었지만, 필자는 그 원인이 무엇인지 궁금해하며 기도하였다. 그런데 뜻밖에 성령이 그 집에 귀신의 무리들이 있다고 말씀해 주셨다. 그러면서 아들을 고치기 전에 사탄의 세력을 무력화시키고 말씀과 기도로 무장해야 한다며, 먼저 S 집사의 아내를 지목해 사탄이 그녀에게 넣어 준 생각을 빼내고 마음을 변화시켜야 한다고 하셨다. 필자가 S 집사에게 그 말을 하자, 그는 한숨을 쉬면서 아내에 대해 털어놓기 시작했다. 연애할 때는 잘 몰랐지만, 결혼한 후에 알게 된 아내의 성품은 차갑고 이기적이었다. 오직 돈과 자기 자신밖에 모르는 독선적인 성격이어서, 부부 싸움이 끊이질 않았고 가정에는 늘 살얼음이 감도는 긴장이 사라지지 않았다고 한다. 세월이 흘러 S 집사는 아내의 성품을 고치는 것을 포기하고, 집에 들어오기보다 밖으로 나도는 생활을 많이 했다고 한다. 아들이 정신질환 증세를 보이자 아내의 이기적인 태도는 더욱 심해졌는데, 아들을 돌보기는커녕 짜증과 분노를 발산하면서 얼굴도 마주치지 않으려 한다는 것이었다. 그런 아내와 집안 분위기에 실망해서 S 집사는 집을 떠나 몇 달씩 모텔에서 잔 적도 있었다고 고백했다. 그렇다고 이혼을 할 수는 없는 일이었다. 문제는 이러한 아내의 성품이 장모를 빼다 박았다는 것인데, 장모의 이기적이고 독선적인 성품은 아내조차 못 따라갈 정도라고 말했다. 그래서 딸인 아내조차 친정어머니인 장모를 만나지 않고 산 지 오래되었다고 말했다. 만나 봐야 서로 증오의 감정을 확인하고 갈등만 키우기 때문이었다. 이런 집안 분위기는 장모와 아내의 사이뿐 아니라 모든 가족들이 비슷하다고 했다. 그렇게 미움과 증오, 싸움과 비난이 난무하는 집안은 처음 보았다며 S 집사는 혀를 내둘렀다. 그런 집안 분위기 탓인지, 장인은 젊은 시절부터 술독에 빠져 있었다. 외아들인 젊은 처남 역시 술을 즐겼다. 그는 심지어 고도비만에 혈압이 높아 혈압강하제를 상시 복용하여야 했는데, 이를 무시하다가 30대에 뇌졸중에 걸렸다. 오랜 시간 병원에서 치료했으나 유아 수준의 지능에 불과한, 집안의 골칫거리로 전락했다. 말하자면 집안이 온통 불행과 고난이 겹쳐 고통스런 상태에 있었는데, 서로 불쌍히 여기고 위로해 주어야 할 가족들은 서로 반목과 갈등 수위를 높이고 있는 셈이었다. 그런데 그 원인이 그 집안을 지배하고 있는 악령의 무리 때문이라고 설명하자 그는 말을 잇지 못했다.

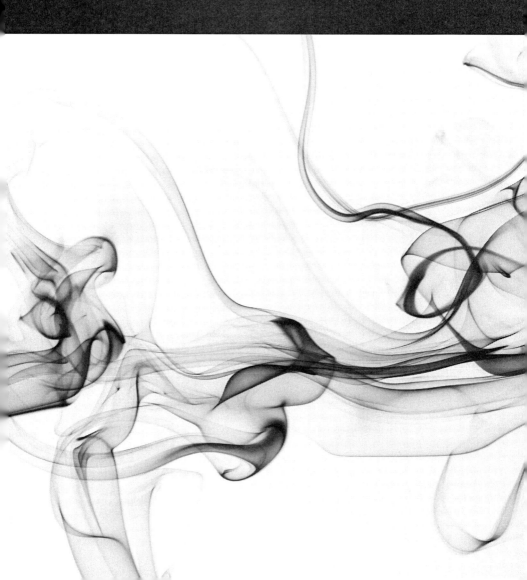

제2부

# 귀신을 어떻게 쫓아낼 것인가?

## 1. 귀신의 존재를 깨달으라

**악령은 어떤 존재인가?**

너 아침의 아들 계명성이여 어찌 그리 하늘에서 떨어졌으며 너 열국을
엎은 자여 어찌 그리 땅에 찍혔는고(사 14:12)

악령은 우두머리인 사탄과, 그 추종자이자 타락한 천사들인 귀신들
로 이루어졌으며, 하나님과 사람들의 주요한 대적이다. 이 악의적인
대적자 사탄은 다양한 이름으로 불리어지고 있으며 그 이름은 그의
악한 속성을 대변해 주고 있다.

- 시험하는 자(마 16:23)
- 악한 자(마 13:19, 38; 요일 2:13, 5:19; 막 8:33)
- 참소하는 자(계 12:12)

- 대적자(벧전 5:8)
- 온 천하를 꾀는 자(계 12:9)
- 거짓의 아비(요 8:44)
- 이 세상의 신(고후 4:4)
- 살인한 자(요 8:44)
- 옛 뱀(계 12:9)
- 이 세상의 임금(요 12:31; 14:30)
- 공중의 권세를 잡은 자(엡 2:2)

등으로 묘사하고 있다.

성경은 사탄의 기원에 대해 명확하게 말하고 있지 않지만, 천사장의 높은 지위에 있었던 그는 하나님을 배반하고 타락하여, 그를 추종하던 천사의 3분의 1을 이끌고 세상에 내려왔다고 전하고 있다. 그의 능력은 천사장 미가엘도 얕잡아 볼 수 없을 정도로 강력하고 탁월한 지략을 지녔다(유1:9). 물론 그는 놀라운 능력을 가진 영적 존재이기는 하지만 하나님의 적수가 되지 못하며, 더 나아가 하나님이 허락한 한계 내에서만 활동할 수 있는 종속적인 존재일 뿐이다. 그의 가장 도드라진 속성은 도덕적으로 악하다는 것이다. "너희는 너희 아비 마귀에게서 났으니 너희 아비의 욕심대로 너희도 행하고자 하느니라 그는 처음부터 살인한 자요 진리가 그 속에 없으므로 진리에 서지 못하고 거짓을 말할 때마다 제 것으로 말하나니 이는 그가 거짓말쟁이요 거짓의 아비가 되었음이라 (요 8:44)"와 "죄를 짓는 자는 마귀에게 속하나니 마귀는 처음부터 범죄함이라 하나님의 아들이 나타나신 것은 마귀의 일을 멸하려 하심이라(요일 3:8)"는 사탄의 속성을 단적으로 나타내고 있다. 이러한 사탄의 지상 목표는 하나님 자리를 제치고 자신이 예배받는 자의 자리에 앉고 싶어 하는 것이다.

귀신은 타락한 천사들이자 사탄의 하수인으로 비교적 능력이 낮은 악령을 말한다. 그렇지만 그들은 타락하기 이전의 탁월한 능력을 고스란히 가지고 이 땅에 내려왔기에, 인간과는 비교할 수 없는 놀라운 영적 능력을 지니고 있음이 분명하다. 귀신들은 사탄의 휘하에 든 '그의 사자들'로서, 치밀하게 잘 짜여진 조직으로 운영되며 사탄의 지휘 아래 일사불란하게 움직이고 있다. 사탄은 하나님과 같이 무소부재할 수 없기에, 자신의 부하들인 귀신들을 교묘하게 지도하고 사람들에게 침투시켜 광범위한 곳에 걸쳐서 자신의 목적을 달성하려 하고 있다. 사탄이 하나님의 구원 계획을 방해하고 국가를 통치하는 지도자들이나 국내외 사회 고위층 인사, 교회의 고위층 영적 지도자들을 공격하는 중요한 임무를 맡는 데 반해, 일반 사람들에게는 귀신을 보내어 하나님을 떠나게 하며 생명과 영혼을 파괴하는 임무를 수행하도록 하는 것이다. 예수님이 사역하시던 당시에도 귀신에게 눌린 사람들이 있었음을 기록한 사실로 보아(행 10:38), 수많은 악령들의 활동이 빈번했었음이 틀림없다. 그렇다면 현시대에 들어와서 그 많던 귀신들이 다 어디로 간 것일까? 과학 문명을 신봉하는 이성주의자들의 주장대로, 귀신은 단지 미신일 뿐 애초부터 없었다는 게 맞는 얘기일까? 학창 시절부터 과학적이고 이성적인 사고방식을 배워 온 이

시대의 사람들은, 오랫동안 자리 잡은 자신의 사고방식을 교회에 온 후에도 고치기 어렵다. 그렇다면 성경의 기록이 허구라는 것을 인정해야 하니 곤혹스럽기 짝이 없다. 크리스천이 되면, 성경이 하나님의 말씀으로 진리임을 믿는 것이 신앙의 출발이기 때문이다. 예수님 당시에는 우글우글하던 귀신들이 현시대에 들어서 흔적도 없이 죄다 사라질 리가 없다. 영혼은 불멸하기 때문이다. 사람도 죽으면 육체만 썩어 없어지는 것이지, 영혼은 천국이든 지옥이든 자신이 가야 할 곳을 찾아가야 한다. 그동안 학교에서 배운 과학적인 논리와는 다르게 귀신들은 우리 주변에 차고 넘친다. 우리의 눈에 보이지 않을 뿐 그들은 자신들의 왕국에서 활개 치며 활동하고 있다. 사탄이나 귀신은 영적인 존재이므로 육체의 눈으로는 전혀 볼 수가 없다. 이들의 존재를 알려면 영적 세계를 바라보는 영적인 시야를 가져야 하며, 이는 성령이 주시는 능력을 받아야 비로소 깨닫게 된다. 세상 사람들은 말할 것 없고 대부분의 크리스천조차 이들의 존재와 공격에 무지한 이유가 여기에 있다. 성령이 주시는 영적 능력이나 시야를 갖지 못했기 때문이다.

## 2. 귀신의 존재를
## 어떻게 알아챌 수 있는가?

스텔스기는 적의 레이더에 걸리지 않게 특수 제작된 비행기이다. 특수한 전파흡수 도료를 전체에 바르고 레이더에 걸리는 단면적을 최소화하여 눈치채지 못하게 만들었다. 그래서 한동안 이들이 은밀하게 날아서 안방까지 들어와도 까마득히 모르고 있다가 공격당하기 일쑤였다. 지금은 스텔스 기술이 많이 드러나 이를 알아내는 기술 또한 개발되어 예전의 명성만은 못하지만, 온 신경을 곤추세우지 않는다면 이들의 존재를 알아채기란 여간 어려운 게 아니다. 스텔스기 못지않게 은밀하게 접근하는 존재들이 있다. 사탄과 귀신들, 악령들이다. 세상 사람들은 말할 것도 없고 대다수의 크리스천들도 귀신의 존재나 공격에 대해 무지하다. 영적인 지도자라 할 수 있는 목회자조차 소수의 사람들을 제외하고는 역시 마찬가지이다. 성경에는 그 수효가 엄청나게 많다는데, 왜 이들의 존재가 사람들의 눈에 전혀 드러나지 않는 것일까? 그것은 그들이 철저하게 숨어 있으며 자신들을 위장하는 데 천재이기 때문이다.

　우리는 귀신의 존재나 그들의 행동 양식에 대해 철저히 무지한 채로 살고 있다. 그렇지만 그들은 우리의 삶과 아주 밀접하게 관계를 맺고 있다. 그들이 우리의 삶에 깊이 뿌리박고 있는데, 우리는 그 사실에조차 무지한 상태에 있다면 이는 아주 위태로운 상황이라는 것이다. 왜냐면 그들의 목적은 인간의 삶을 유린하고 생명과 영혼을 파괴하는 것이기 때문이다. 마치 조선시대의 사람들에게 죄다 기생충이 있었음에도 이에 무지해서, 대변을 퇴비로 쓴 채소에다 디스토마 중간 숙주인 가재를 갈아서 날로 먹었던 바람에 근대에 와서도 우리나라가 기생충 왕국이라는 오명을 벗지 못한 것과 같다. 이처럼 악한 영의 존재나 행동 양식에 대해 무지하면 그들의 먹이가 될 뿐이다. 그렇지만 귀신의 존재나 그들의 공격을 알아채는 것은 실로 어려운 일이다. 일반적으로 영 분별의 능력을 가진 크리스천조차, 귀신이 사람 안에 들어가 영음으로 지시하면서 몸과 정신을 통제하거나 완전히 사로잡아 정신분열 증세인 귀신들림 현상을 보여야 비로소 알게 된다. 물론 그 귀신들이 몸에 침투하여 오랫동안 은밀하게 거주하고 있었던 게 분명하다. 그렇지만 귀신들이 사람들의 몸에 침투하는 것은 식은 죽 먹기이다. 성령이 내주하지 않은 사람이라면 어떤 제재도 없이 무사 통과하기 때문이다. 귀신들이 사람들의 몸에 침투했다고 하더라도 항상 공격에 성공하는 것은 아니다. 하지만 일단 몸에 들어간 귀신들은 은밀하게 붙어 자신들의 기회를 호시탐탐 노리고 있기 때문에, 그렇지 않은 경우에 비해 무척 위태로운 상황인 것이다.

성령의 내주로 인해 귀신들이 스스로 정체를 드러낸 경우를 제외하고는, 귀신들이 공격하고 활발한 활동을 시작해야 그 존재를 알 수 있다. 그렇지만 이 역시 일반인들이 아니라 영 분별의 은사를 받는 이들에 한한다. 귀신들은 사람들의 본성이나 인격적인 약점 등을 집요하게 공격한다. 예를 들어, 화를 자주 내는 성품의 소유자라면 화를 내는 상황에서 분노를 증폭시켜 큰 싸움을 일으키는 것이다. 이같은 상황을 냉정하고 객관적으로 지켜본다면, 평소의 그와는 다르게 사소한 일에 짜증을 내며 분노를 폭발시키고 아예 처음부터 싸우려 드는 사람처럼 보일 것이다. 싸움이 그친 후에, 분노를 일으킨 자신도 왜 그렇게 화가 났는지 이해하지 못한다. 그래서 사람들은 이같은 상황을 가리켜, 무엇에 씌었다는 말을 하게 된다. 무엇에 씌었다는 것은 정확하게 말해, 자신의 의지로 한 행동이 아니라 귀신에 씌어서 한 것이라는 표현이다. 옛 선조들도 귀신의 소행을 정확하게 꿰뚫어 보고 있었음이 틀림없다. 음란하고 포르노를 자주 보는 남성이라면 귀신이 그 상황을 이용해 생각 속에 침투하여, 보는 것에 만족하지 않고 몰카를 찍어 스스로 포르노를 만들거나 성폭행을 하는 등 더 큰 범죄를 일으키게 한다. 이들의 종착역은 성 도착증 환자가 되거나 성폭행범이 되어 교도소에서 인생을 망치는 것이다. 가정이 파괴되는 것은 당연한 수순이다. 그도 처음에는 단순하게 호기심으로 음란물을 훔쳐보는 것에서 출발했지만, 어느새 자신도 모르게 엄청난 범죄를 저지르게 된 것이 이해가 되지 않을 것이다. 이 역시 귀신에 씌어서 그렇게 된 것이다. 이 밖에도 알코올 등 다양한 것들에 대한 중독자들도 여기에 해당한다. 귀신들은 이들이 쾌락에 집착하는 성향을 이용하여 생각을 증폭시켜 아예 폐인으로 만들어 버리는 것이다. 이 같은 증상은 공통점이 있다. 자신은 하고 싶지 않았는데, 어떻게 이런 비정상적인 일이 벌어졌는지 자신도 모른다는 것이다. 이런 경우에는 귀신들의 공격이 활발해졌음을 뜻하며, 이 상황에서 귀신들의 공격을 막고 쫓아내지 않는다면 정신과 몸을 사로잡혀 폐인이 되는 결과로 치달을 것이다. 그러므로 주변에 평소의 성품이나 행동 양식을 벗어나 비정상적인 행태를 보이는 사람이 있다면 귀신의 소행임을 의심하고 영 분별의 은사를 가진 크리스천에게 도움을 요청해야 할 것이다.

## 귀신들림 현상

귀신들림은 오래전에 귀신들이 은밀하게 몸에 잠입하고 공격하여, 몸과 마음을 완전히 장악하고 지배하는 상황을 말한다. 보통, 성령이 내주하지 않은 사람들의 경우 귀신들은 아무런 제재를 받지 않고 몸에 잠입할 수 있다. 그래서 오랫동안 은신하며 틈을 노린다. 귀신이 노리는 틈은, 인격적인 부족함이나 욕망, 본능 등을 교묘하게 부추기고 증폭시켜 싸움, 음란, 불륜, 성폭행, 알코올 중독, 악성 부채, 불면증, 우울증, 자살 충동, 이혼, 살인, 각종 범죄 등을 조장하여 삶을 도탄에 빠뜨리고 영혼을 옥죄는 것이다. 그렇지만 신앙심이 있고 의지가 강한 사람들은 이들의 유혹에 쉽게 넘어가지 않는다. 그렇지만 평소에 의지가 약하거나 심신이 약한 사람, 또는 절제, 인내 등이 부족한 사람들은 귀신들의 조종이나 유혹을 거부하지 못하고 넘어가 이들이 쳐 놓은 덫에 빠지게 된다. 그래서 점진적으로 정신과 육체를 장악하여 꼼짝 못 하게 된 상황을 말한다.

성경에서는 이러한 현상을 다양하게 기록하고 있다. 거라사 지방의 귀신 들린 사람은 무덤 사이에서 벌거벗고 소리 지르며 묶어 놓은 쇠사슬을 끊는 등 광기를 보여 주고 있다(눅 8:27~29). 귀신 들린 아들을 데리고 온 아버지는 그가 간질 증상을 보이며 자주 몸과 불에 던져졌다고 증언하고 있다(막 9:20~22). 정신을 장악하고 사람들의 생각을 읽어 내어 점을 치게 하는 귀신도 있으며(행 16:16), 오랫동안 귀신 들려 앓으며 몸이 꼬부라져 조금도 펴지 못하는 증상을 보이기도 한다고 밝혔다(눅 13:11~12). 이렇게 귀신들은 몸에 잠입하여 틈을 노리다가 적당한 때에 공격하여 몸과 정신을 지배하고, 억압하고, 장악한다. 또한 앞서 말한 B 집사의 경우처럼, 완전히 정신이 장악되어 정신분열 환자처럼 보이기도 한다.

대부분의 경우는 이처럼 귀신들림 현상이 완연할 때에 귀신들의 정체를 깨닫게 되는데, 여기까지 진전되면 정상적인 삶이 파괴되고 폐인이 되는 경우가 허다하다. 귀신 들린 사람들의 가족들의 정신적, 경제적인 피해도 엄청나다. 이혼을 당하며 가정이 파괴되고 교회를 떠난 사람들도 적지 않다. 그러므로 귀신들림 현상이 의심될 때, 초기에 적발하여 귀신을 쫓아내는 것이 그 폐해를 최소화할 수 있는 방법이다. 그렇지만 안타깝게도 귀신들의 존재 자체를 부인하고 의심하거나, 설령 인정한다 할지라도 영 분별의 능력이 부족하기에 속수무책으로 당하기 일쑤이다. 최근 필자에게 찾아와 자신의 딸의 증상을 호소하며 고통스러워했던 아버지도 이와 같은 경우이다. 그 딸은 10여 년 전 고등학교 다닐 때부터 사회부적응 증세가 나타났다. 그런데 이를 방치하다 급기야 정신분열 증세를 보여 허겁지겁 정신과 치료를 받고 있는 것이다. 하지만 호전되지 않고 날이 갈수록 더욱 증상이 악화되고 있다. 아버지가 교회에 다니지 않았던 시절에 무당에게 데려가니, 신기(神氣)가 있어 무당이 되어야 한다는 청천벽력 같은 말을 듣기도 했다. 지금 그 딸은 완전한 정신분열까지는 가지 않았지만 아주 심각한 상태이다.

# 3. 귀신들은 어떻게
# 사람을 공격하는가?

　필자가 사역을 시작하기 전에는 귀신에 대해 아는 게 거의 없었다. 성경에 기록된 내용과 세간에 발표된 공포 영화나 드라마에서 본 게 전부였다. 그렇지만 영화나 드라마는 다큐멘터리가 아니라 픽션이다. 작가가 소설처럼 쓴 내용에 불과하다. 시청률을 높이기 위해 상상력을 발휘해서 파괴적이고 잔인한 요소를 첨가하거나, 때로는 낭만적이거나 인간적인 조미료를 쳐서, 극적이고 맛깔스런 스토리로 내놓은 게 소설이나 드라마, 영화에서 나오는 귀신이다. 그렇지만 성경에 기록된 귀신들의 공격이나 행동은 삶의 현장에서 볼 수 없는 사건들이라 박진감이 떨어진다. 성경에 기록되어 있으니까 부정할 수 없는 사실로 받아들여져도, 먼 옛날에 일어난 사건쯤으로 치부하는 것도 사실이다. 그렇지만 필자가 삶의 현장에서 귀신들을 맞닥뜨리면서 지금까지 가지고 있던 모호하고 추상적인 생각들을 버리지 않을 수 없었다. 마치 현대 과학 문명에 의해 실체가 밝혀지기 전까지는 전파에 대해 무지했었지만 지금은 그렇지 않은 것과 같다. 비록 눈에 보이지 않는 전파라 해도, 영상이나 음성신호로 바뀌어 눈에 보이고 귀에 들리게 되고 나서는 전파가 실존한다는 것에 의문부호를 다는 사람은 없다. 전파가 존재하지 않는다면 과학 문명의 이기(利器)들이 작동된다는 것은 꿈도 꿀 수 없기 때문이다. 마찬가지로 귀신의 공격을 직접 당해 보거나 사랑하는 가족들이 당하는 걸 두 눈으로 지켜보아야 하는 사람들은 생각이 달라진다. 그동안은 자신에게 왜 이런 불행이 닥치는지 몰라 무기력하게 슬퍼하며 고통스러워했지만, 귀신의 공격을 확인하고 쫓아낸 뒤 평안이 찾아오는 것을 경험하고 나서는 그 실체를 인정하지 않을 수 없다. 그렇지만 우리가 아는 악령들의 마각(馬脚)은 빙산의 일각에 불과했다. 악령들은 그들의 존재를 은밀하게 감추는 데 천부적인 재능이 있기 때문에, 영 분별의 능력이 있거나 수많은 영적 경험에서 우러나오는 깨달음이 없다면 그네들의 정확한 실체를 알 수 없다. 그렇지만 하나님은 당신이 사랑하는 자녀인 우리들을 그들의 공격에 속수무책으로 당하도록 내버려 두지 않으셨다. 필자와 같은 사역자에게 축출 능력을 주시고 훈련시켜 그들의 정체를 밝히고, 악한 영에게 사로잡힌 불쌍한 영혼을 구원하시려는 계획을 실행에 옮기고 계시기 때문이다.

## 생각을 통해 공격한다

귀신들은 사람들의 주변을 어슬렁거리며 항상 들어올 틈을 노리고 있다. 모든 사람들이 그 대상이겠지만, 들어온다고 그들의 계략대로 되는 것이 아니기에 공격을 시도하고 시행착오를 겪으면서 자신의 먹잇감을 찾아낸다. 귀신들은 영이기에 사람보다 뛰어난 능력을 가지고 있다. 앞서 밝혔듯이 필자의 가족의 성대를 장악한 귀신은 자신의 능력을 금세 드러냈다. 필자의 생각을 읽어 내면서 자신의 존재감을 확신시켰다. 사실 이러한 일은 그리 놀랄 만한 일은 아니다. 용하다는 점쟁이를 찾아가 보라. 입도 벙끗하지 않았는데, 내담자의 신상을 털기 시작해서 순식간에 경악스럽게 만든다. 그들이 어떻게 알았겠는가? 그런 일쯤은 귀신에게 그리 어려운 일이 아니다. 사람의 생각을 읽어 내는 일은 식은 죽 먹기처럼 쉬워 보인다. 성경에서도 바울을 따라다니며 괴롭혔던, 점치는 귀신이 들린 여종을 소개하고 있다(행 16:16). 그 여종은 점을 잘 쳐서 주인에게 많은 유익을 남겨 주었다. 사람들이 복채를 두둑하게 준 이유는 자신들의 과거를 신통하게 잘 맞추었기 때문이다. 그런 귀신일지라도 미래의 일을 알아내는 것은 그리 신통치 않아 보인다. 필자가 처음 맞닥뜨린 귀신의 정체를 밝혀냈을 때도, 필자가 알지 못하는 문제는 그 귀신 역시 알지 못했다. 그래서 천사장 미가엘이 아니라 속이는 귀신임을 밝혀내고 쫓을 수 있었다. 전지전능한 하나님만이 미래의 일을 훤히 꿰뚫고 계신다. 하지만 사탄이나 영적 능력이 뛰어난 힘센 귀신도 역시 어느 정도까지는 미래를 알아내는 능력을 가진 것으로 보인다. 비록 하나님의 수준에는 한참 못 미치지만, 사람을 훨씬 능가하는 영적 능력을 지니고 있음은 인정해야 한다.

귀신은 세상 사람은 물론 크리스천도 생각을 통해 공격한다. 성령이 내주하시는 기도 습관을 들여 성령 충만을 유지하는 크리스천도 예외는 아니다. 그들은 어느 누구라도 대상으로 삼고 생각 속에 들어와 끊임없는 공격을 시도하고 있다는 것을 절대 잊지 말아야 한다. 악한 영이 마음에 들어와 넣어 준 생각인지 아님 자신의 생각인지 알아내는 것은 모래밭의 바늘을 찾는 것처럼 아주 어려운 일이다. 그렇지만 중요한 것은, 그들의 생각은 죄다 악한 생각이라는 것이다. 음란, 분노, 교만, 싸움, 분열, 의심, 불안, 염려, 걱정, 슬픔, 낙심, 자살 충동, 질투, 짜증, 사기, 절도, 살인, 쾌락, 탐욕 등 이런 부정적이고 악한 생각들은 헤아릴 수 없을 정도로 많다. 이 생각들의 공통점은 하나님이 몹시 싫어하시는 것은 물론, 비도덕적이고 비윤리적인 것으로 세상에서도 금지하고 있는 것들이라는 점이다. 그렇지만 이러한 악한 생각들은 하루에도 수십 번씩 머릿속에 들어왔다가 사라지곤 한다. 물론 이러한 생각들이 죄다 귀신들이 넣어 준 생각이라고 볼 수는 없다. 하지만 분명한 것은 하나님도 증오하시며 세상에서도 금지하고 있는 나쁜 생각이라는 것이다. 왜냐하면 이러한 악한 생각의 원천은 인간의 조상 아담이 하나님의 명령을 배반하고 죄악이 세상에 들어왔을 때에 같이 들어왔으며, 사람의 DNA 안에 저장되어 대를 물려 내려오고 있기 때문이다. 이러한 악한 생각의 원천은 탐욕과 방탕이라는 죄에 얼룩진 본성과 맞물려 있고, 돈을 사랑하고 자기를 사랑하는 세상 사람들의 모습에서 어렵지 않게 찾아볼 수 있다(딤후 3:2). 또 다른 악한 생각의 원천은 부족한 성품에서 비롯된다. 분노나 무절제, 교만, 이기심 등의 부족한 성품들은 악한 생각으로 그 실체를 드러내기 마련이다. 어쨌든 이러한 악한 생각들의 근원은 죄악에 물들어 있는 인간의 태생적 한계와 맞물려 있다. 물론 예수님이 십자가에서 흘리신 보혈의 대가로 원죄는 탕감이 되었지만, 죄의 얼룩은 남아 있어 날마다 속죄함으로 지우는 작업은 이 땅에 사는 동안 쉬지 않아야 한다. 그렇지 않기에 죄에서 잉태된 악한 생각이 무의식적으로 드러나는 것이다. 사람의 본성은 탐욕적이고 쾌락을 사랑하기에, 이를 절제하고 통제하지 않는다면 누구나 악한 생각의 노예로 죄를 짓고 살아가게 된다. 이러한 우리의 상황을 잘 알고 있는 사탄과 귀신은 호시탐탐 주위를 배회하며 자신의 먹잇감을 노리고 있다.

## 귀신들은 틈을 노린다

악한 생각의 일반적인 원천은 죄로 얼룩진 인간의 본성이나 부족한 성품에서 연유한다. 그렇지만 완벽한 사람은 없기에 누구나 악한 생각에서 자유로울 수 없다. 또 다른 원천은 악한 영들이 넣어 주는 나쁜 생각들이다. 그렇지만 그들의 정체가 드러나지 않기에 추측만이 가능할 뿐이다. 그렇지만 공통점은 악한 생각이 그대로 끝나는 게 아니고 더 큰 문제로 커지며, 범죄로 연결되고 불행과 고통의 수렁에 빠진다는 것이다. 항상 악한 생각이 불행한 삶으로 직결되는 것은 아니지만 그럴 확률은 엄청나게 높다. 지뢰밭을 걸어간다고 항상 지뢰를 밟는 것은 아니지만 지뢰를 밟아 터뜨릴 확률이 높아진다는 것은 누구나 알고 있다. 그렇기에 모든 지뢰가 제거되지 않은 지뢰밭에 지뢰 표지판과 함께 줄을 쳐 놓아 진입을 금지시키는 것이다. 그렇지만 악한 영의 존재와 그 공격은 눈에 보이지 않고, 귀에 들리지 않으며, 이성적으로나 과학적으로 증명되지 않기에 아무도 경고하지 않아 희생자가 엄청나게 많다. 성경에서는 이의 위험을 경고하고 주의를 환기시키지만, 크리스천 역시 이들의 존재에 대한 확신이 부족한 것도 사실이다. 그렇다면 악한 영들이 어떻게 사람들을 공격하는지 자세히 알아보자.

> 분을 내어도 죄를 짓지 말며 해가 지도록 분을 품지 말고
> 마귀에게 틈을 주지 말라(엡 4:26~27)

마귀에게 틈을 주지 말라고 한 바울의 말을 곱씹어 보자. "마귀에게 틈을 주지 말라"는 말의 헬라어는 μηδὲ δίδοτε τόπον τῷ διαβόλῳ(메데 디도테 토폰 토 디아볼로)이다. 이 말을 직역하면 "마귀에게 기회를 제공하지 말라"는 의미이다. δίδοτε(디도테)는 δίδωμι(디도미)의 과거 명령형으로 '주다, 제공하다'라는 뜻이고, τόπον(토폰)은 τόπος(토포스)의 목적격으로, 일반적으로 '장소'나 '기회'를 뜻하는데 여기서는 '기회'라는 뜻이 더 잘 어울린다. 그렇다면 "마귀에게 공격할 기회를 제공하지 말라"는 말의 뜻을 자세히 생각해 보기로 하자. 살다 보면 누구나 화가 날 일이 생긴다. 성품이 까칠하고 성말라서 툭하면 화를 내는 사람도 있고, 평소에는 온유한 모습을 보이지만 불의한 일을 봤을 때나 이기적이고 상처를 주는 사람에게 화를 폭발시키는 사

람도 있다. 본인이 잘못을 초래하거나 그렇지 않거나 간에, 살다 보면 화를 피할 수 없는 상황에 맞닥뜨리는 사건이 생긴다는 것이다. 그렇지만 화를 오래 간직하면 예기치 못한 불행에 빠지는 경우가 생길 수 있는데, 이는 바로 귀신이 틈을 타고 마음에 들어와 생각을 부추겨서, 도저히 참을 수 없는 분노로 증폭시켜 돌이킬 수 없는 상황에 빠지게 하며 범죄를 저지르게 하는 것이다. 귀신은 놀라운 영적 능력으로 사람의 생각을 읽어 내어 그 사람의 약점을 집요하게 파고들고 생각을 증폭시킨다. 그러므로 화가 나더라도 참고 인내하면서 화를 삭이고 마음을 다스려야 한다. 그러지 않고 분노를 계속 가지고 있다면, 주변에 떠돌아다니는 귀신의 눈에 띄어, 귀신이 공격할 기회를 제공하게 되는 것이다.

예수께서 돌이키사 제자들을 보시며 베드로를 꾸짖어 이르시되
사탄아 내 뒤로 물러가라(막 8:33)

다른 성경 구절에서 사탄의 공격을 생각해 보자. 예수님은 제자들에게 자신이 십자가에서 죽임을 당해 희생 제물이 될 것임을 말했다. 그러자 제자들은 순식간에 사색이 되었고 그들에게 두려움이 엄습했다. 급기야 베드로는 예수님에게 그러지 말라고 강력하게 반발했다. 그런데 갑자기 예수님은 베드로를 꾸짖고 있다. 사탄이 베드로의 몸으로 완전히 들어가 버린 것은 아니다. 다만 공포에 질리고 불안해진 틈을 타서, 사탄은 베드로의 생각에 들어가 복음 사역을 무너뜨릴 공격 기회를 잡은 것이다. 그러자 이를 간파한 예수님은 사탄을 꾸짖으

며 당장 생각에서 떠나라고 명령하고 있다. 이처럼 사탄이나 귀신들은 순식간에 마음에 침투하여 생각을 부추기면서 공격하는 것이다.

악령들이 모든 공격마다 성공하는 것은 아니다. 자신의 성품을 다스리려고 애쓰고 참고 견디며 절제하는 성품의 소유자는 크리스천이든 아니든 공략하기 어려운 사람들이다. 귀신들이 집어넣는 생각들은 모두 악한 생각이기에, 도덕적으로 마음을 다스리면서 살려고 노력하는 사람들은 웬만해서 귀신들의 표적이 되지 않는다. 예를 들어, 화가 나는 일이 생겨도 참으며, 도리어 상대방을 불쌍히 여기며 이해한다면 분노는 사그라지게 마련이다. 탐욕스럽지 않은 사람들은 돈에 휘둘리지도 않으며, 탐욕에 눈이 멀어 불법과 불의를 저지르는 일도 거의 없다. 쾌락을 즐기는 사람들은 술을 즐기고 음란에 취약하다. 그렇지만 정도에서 벗어난 쾌락을 멀리하는 사람이라면 아무리 탁월한 능력을 지닌 귀신이라 할지라도 어쩔 수 없다. 누구나 부족한 성품을 한두 개쯤은 지니고 있고, 탐욕과 쾌락의 유혹 앞에서는 약해질 수밖에 없는 게 인지상정이다. 하지만 절제와 인내의 성품으로 마음을 잘 관리하는 사람이라면 귀신이 쳐 놓은 덫에 빠지지 않으며, 불행의 수렁에 굴러떨어질 리도 없다. 이들은 귀신들에게 공격할 기회를 제공하지 않기 때문이다. 그렇지만 안타깝게도 부족한 성품을 고치려 하지 않고 탐욕과 쾌락을 즐기는 사람들이 우리 주변에는 수없이 많다. 규칙적으로 교회 예배에 출석하는 크리스천이라 할지라도 예외는 아니다. 사탄은 우는 사자처럼 우리 주변을 배회하며 공격할 기회를 찾아다니고 있다(벧전 5:8). 그러므로 깨어서 악령의 존재와 공격을 예방하고 적절하게 대처하지 않는다면 이들의 먹잇감이 되는 것은 시간문제이다.


## 선호하는 사람들의 몸에 들어가 잠복한다

보통 사람들은 귀신이 몸에 들어가 붙어 있는 것을 이해하지 못한다. 귀신 들린 사람을 볼 기회가 없어서 그럴 것이다. 귀신에 사로잡혀 기이한 행동을 하는 것을 보게 되면 그간의 생각이 확 바뀔 것이다. 필자는 귀신을 쫓아낸 경험을 통해 그들이 사람들 안에 들어가 정신과 몸을 장악하고 폐인으로 몰아가는 광경에 익숙하다. 그렇지만 어떻게 들어가 있는지 자세하게 아는 것은 어려웠다. 귀신에게 억압받는 사람들도 귀신이 자신에게 영음으로 얘기한다는 사실과 고통스럽게 하는 행위에 대해서만 말했지, 구체적으로 정보를 제공해 주지 못했기 때문이다. 그렇지만 필자는 성령의 도우심으로, A 집사에게 들어간 귀신들의 행태를 통해 보다 정확한 정보를 얻을 수 있었다. A 집사에게 축출기도를 하면서 성령에게 우리가 처한 상황과 차후 전략을 요청했다. 그럴 때마다 성령은 영음으로 지속적인 정보를 주면서, 사탄의 계략을 두 눈으로 똑똑히 보라고 말씀하셨다.

그렇다면 귀신들이 공격할 사람을 선택하는 특별한 기준이 있을까? 귀신들이 자신의 선택 기준을 발표하지는 않을 테니까 정확한 기준을 아는 것은 불가능하다. 그렇지만 거꾸로 귀신 들린 사람들을 조사하면 나름대로 추측할 수 있는 근거는 얻을 수 있다. 일단 가장 많은 경우가 조상 때부터 귀신을 무던히 섬겨 온 가정의 자손들이다. 선대에 무당이 있다면 확률은 엄청나게 높다. 귀신들은 오래전부터 자신들이 지배하고 조종해 온 가정의 경우 대를 물려 가며 자손들에게 침투하여 공격하고 억압한다. 그러므로 선대의 조상들이 귀신을 많이 섬겼고, 무당 출신이 있으며, 당사자가 교회에 나가지 않고 있다면 가능성이 높다고 보아야 한다. 그렇지만 그게 전부가 아니다. 개인적인 기준도 고려해야 한다. 귀신들이 생각 속에 들어와 조종하더라도 의지와 절제력과 인내심이 강한 사람은 여간해서 공격하기 힘들다. 그러므로 그런 사람들에게는 귀신도 한두 차례 공격을 시도하다가 이내 포기하고 다른 사람을 찾아 나선다. 의지가 약한 사람이 주된 대상이다. 오랜 병을 앓아 심신이 허약해진 사람이나 알코올 중독을 포함한 중독에 걸린 사람들도 자신의 마음을 다스리는 능력이 허약한 사람이므로 귀신들의 먹잇감이다. 자주 화를 내거나 교만한 사람들에게서도 역시 공격 기회를 얻기가 쉽다. 또한 음란의 쾌락을 즐기며 포르노를 즐기고 관음증이 있는 이들도 공격받을 기회가 자주 생기므로 여차하면 몸에 귀신이 붙기 쉽다. 의지가 약한 사람들은 소심하고 부정적이며 피해 의식에 사로잡혀 있기가 쉽기 때문에, 몸에 들어가 우울증을 일으키고 각종 정신질환과 자살 충동에 빠뜨리는 것도, 귀신들에게 공격의 빌미를 제공하기 때문인 것이다. 결론적으로 선천적인 성품의 결함이든지 술이나 다른 원인 때문이든지 간에, 악한 생각을 이겨 낼 의지가 약한 사람들이 귀신들이 잠입하는 1순위의 대상인 것만은 분명하다.


## 몸에 붙어서 정신과 몸을 억압한다

귀신들이 몸에 잠입해서 오랫동안 붙어 있는 데 성공한 게 전부가 아니다. 귀신들의 주목적은 그들이 살 곳을 얻는 것이 아니라, 사람들의 정신과 몸을 공격하고 억압해서 불행해지고 고통스러워하는 것을 보고 즐기는 것이다. 또한 인생이 황폐해진 그 영혼이 자신들과 함께 지옥으로 가기를 원하는 것이다. 그러므로 일단 몸에 들어왔다면 은밀하게 기다리면서 정신과 몸을 공격하여 억압하게 될 것이다.


하나님이 나사렛 예수에게 성령과 능력을 기름 붓듯 하셨으매

그가 두루 다니시며 선한 일을 행하시고 마귀에게 눌린 모든 사람을

고치셨으니 이는 하나님이 함께 하셨음이라(행 10:38)


위 성경 구절에서 "마귀에게 눌린"이라는 표현의 헬라어 καταδυναστευω(카타뒤나스튀오)는 '억압하다, 지배하다'라는 뜻이다. 이 말은 야고보서에도 나오는데, "부자들은 너희를 억압하며(약 2:6)"에서 동일하게 쓰이는 단어이기도 하다. 그렇다면 "마귀에게 눌린"이라는 말의 의미는, 가난한 자에게 빚을 주고 갚지 못하면 심하게 독촉하며, 그래

도 갚지 못하면 법정에 끌어가는 부자들의 행태처럼, 삶의 자유를 빼앗고 고통스럽게 한다는 뜻임을 어렵지 않게 짐작할 수 있다.

　귀신들은 처음에 사람들의 주변을 배회하면서 공격하기로 마음먹은 사람들의 생각 속에 침투하여 악한 생각과 나쁜 감정을 부추기어 소기의 목적을 달성한다. 그렇지만 모든 사람들이 악한 생각과 나쁜 감정에 휩쓸리어 귀신의 명령대로 따라 하는 것은 아니다. 그러나 본성적으로 탐욕과 쾌락에 취약하거나, 감정을 참고 견디는 인내심이 부족하고, 마음을 관리하고 절제하지 못하는 성품을 가진 이들은 쉽게 그들의 부추김에 넘어갈 것이다. 또한 조상 때부터 우상을 섬기고 귀신을 숭배한 집안 내력을 가지고 있다면, 태어날 때부터 귀신이 쉽게 잠입할 수 있는 환경을 제공했을 것이다. 조상 대대로 귀신들을 섬기는 집안이라면 굳이 귀신들이 다른 곳을 찾지 않아도 되었을 것이다. 개인적인 성향이든 집안 내력이든 귀신들이 들어가기를 선호하는 사람들이라면, 이미 들어가서 은밀하게 숨어 지내며 몸과 정신을 억압하고 있을 것이다. 그렇지만 완전히 귀신 들려 지배를 받거나 정신분열증 환자와 같은 증상을 보이는 게 아니라, 정도가 심해지는 과정에 있는 사람들이 대부분이며 그 현상도 다양하다.

## 완전히 사로잡아 인생을 황폐화시킨다

사탄이나 그 하수인인 귀신의 목적은 한결같다. 하나님이 사랑하시는 자녀들을 고통과 불행으로 몰아넣고 인생을 황폐화시켜, 지옥으로 가는 열차에 동행시키는 것이다. 세상 사람들은 말할 것도 없지만, 특히 믿는 자들 중에서 더욱 눈에 불을 켜고 찾고 있다. 이들에게 한번 걸리면 거의 빠져나오지 못한다. 보혈의 능력이 드러나는, 성령이 내주하시는 기도를 통해서만 구출될 수 있다. 하지만 안타깝게도 우리네 교회의 현실은 무기력하기 짝이 없이 형식적이고 희생적인 신앙행위만을 반복할 뿐, 성경에서 약속한 놀라운 능력의 기도는 자취를 감춘 지 오래이다. 상황이 이렇다 보니, 귀신들은 교회를 두려워하지 않고 활개를 치고 다니는 형국이다.

배에서 나오시매 곧 더러운 귀신 들린 사람이 무덤 사이에서 나와

예수를 만나니라(막 5:2)

성경에는 귀신에 사로잡혀 인생이 황폐화된 사람들이 자주 등장한다. 위 성경에는 거라사 지방의 귀신 들린 사람을 소개하고 있다. 그는 가족을 떠나 무덤 사이에서 거주하며 옷을 벗고 괴성을 지르고 있어, 그곳을 지나다니는 사람들에게 공포의 대상이 되었다. 귀신에게 사로잡혀 인생이 파괴된 전형적인 모습이다. "귀신 들린"이라는 표현은 헬라어로 δαιμονιζόμενον(다이모니조메논)으로, 이는 '귀신에 사로잡힌'이라는 뜻이다.

우리가 기도하는 곳에 가다가 점치는 귀신 들린 여종 하나를 만나니
점으로 그 주인들에게 큰 이익을 주는 자라(행 16:16)

사도행전에는 바울을 따라다니며 괴롭게 했던 점치는 귀신이 들린 여종을 소개하고 있다. 이 여종 안에는 귀신이 들어가 정신을 지배하고 점을 치게 해서 사람들을 현혹시켰다. 그렇기에 이 여종은 귀신에 사로잡혀 자유를 얻지 못하고 황폐화된 삶을 살고 있었다. 위 성경에서 "점치는 귀신 들린"이라는 표현은 헬라어로 ἔχουσαν πνεῦμα πύθωνα(에쿠산 프뉴마 퓌토나)이다. 여기에서 주목할 단어는 ἔχουσαν(에쿠산)인데, 이 단어는 ἔχω(에코)의 현재분사형으로, '가지다, 사로잡다'라는 뜻을 가지고 있으며 여기에는 후자가 더 적합한 의미가 될 것이다. 그렇다면 "점치는 귀신 들린"이라는 표현은 "점치는 귀신에게 사로잡힌"이라는 뜻이 된다. 결국 이 둘의 표현인 δαιμονιζόμενον(다이모니조메논)이나 ἔχουσαν πνεῦμα πύθωνα(에쿠산 프뉴마 퓌토나)이나 똑같이 '귀신에 사로잡힌'이라는 의미로 쓰고 있다.

귀신에 사로잡힌 이들의 특징은 자신의 삶을 영위하지 못하며 귀신에 의해 포로가 된 삶을 살고 있다는 것이다. 이들 대부분은 정신분열 증세를 보여 환청과 환각에 시달리며 우울증, 조울증, 공황장애, 불면증, 자살 충동을 보인다. 알코올 중독을 비롯한 각종 중독에 빠져 살기에 정상적인 삶을 살지 못하고, 이혼하여 노숙자가 되거나 가족들에 얹혀살거나 정신병동에 갇혀 지내고 있다. 이러한 사람들은 본인은 말할 것도 없이 가족들에게 정신적, 경제적으로 엄청난 고통을 주고 있지만, 이를 치유하고 해결할 방법을 찾기 어렵다는 것이 그

들이 처한 딜레마이다. 물론 그들은 귀신들의 소행임을 인정하지 않고, 병원의 의사들도 미신이라고 손사래를 치지만 정작 해결할 수 없는 상황에 대해서는 함구하고 있다.

필자가 2일 만에 귀신을 쫓아낸 B 집사는 전형적인 환청과 환각 등의 정신분열 증세를 보였으며, 종합병원의 정신과 의사가 10년 이상 정신병원에 입원하여 치료해야 할 중증 환자라고 진단하였다. B 집사의 증상은 잠을 자지 않고 아파트를 밤새도록 배회하며, 집안 살림살이를 창밖으로 내던지는 것으로, 주민들 사이에서는 경악과 공포의 대상이 되었다. 그녀 자신도 기차에 뛰어들려고 하거나 달리는 택시에서 뛰어내려 목숨을 잃을 뻔한 위험에 처하기도 했다. 만약 필자 부부가 귀신을 쫓아내지 않았더라면 교통사고로 목숨을 잃었거나 정신병원에 수감되어 평생 나오지 못했을 것이다. 수백 마리의 귀신이 들어간 A 집사의 경우에는 B 집사처럼 정신을 황폐화시키지는 못했지만 공황장애 등의 심각한 정신질환을 일으키게 했으며, 툭하면 분노와 폭력을 행사하여 가정을 공포의 도가니로 몰아넣었고 알코올 중독이 진행되는 과정에 있었다. 만약 더 진행되었더라면 정신과 육체를 황폐화시켰을 것이 틀림없다. K 자매님의 경우에는 귀신이 오래전부터 들어가 중학생 시절부터 증상이 나타나기 시작했고, 10여 년 동안 진행되면서 우울증, 신경쇠약, 불면증, 강박증 등 정신질환을 보이다가 최근에는 갑상선까지 나빠져 병원에 입원 중이다. 중학교 시절부터 생활에 적응하지 못하고 왕따를 당해 대인기피 증세가 생겨 우울증으로 발전되었으며, 대부분의 시간을 집 안에서 보내면서 기괴한 행동을 일삼고 있다. 이 정신적인 병의 원인은 귀신의 소행으로, 성령님은 그 가정에 사탄의 무리가 있다고 영음으로 말씀해 주셨다.

# 4. 귀신은 어떤 사람을 노리는가?

귀신은 아무에게나 침투하여 생각을 부추기고 정신과 몸을 억압하며, 끝내 고통과 불행의 수렁 속에서 허우적거리게 하다가 지옥으로 보내 버리는 극악무도한 놈이다. 그들의 존재감과 공격은 극소수의 사람들을 제외하고는 알지 못한다. 마치 미국의 최첨단 무인폭격기 '드론'처럼 은밀하게 날아와 엄청난 타격을 주지만, 정작 그 존재조차 알 수 없는 공포의 대상인 셈이다. 사탄이나 귀신이 엄청난 위력을 지닌 악령이지만, 그들 역시 무차별 폭격을 할 수 있는 것은 아니다. 비록 우리가 사는 세상이 공중의 권세를 잡은 악한 영이 지배하는 세상일지라도(엡 6:12), 하나님이 세우신 원칙에서만 공격이 가능하기 때문에(욥 1:12), 그들의 공격은 한계가 있을 수밖에 없다. 그렇지만 교회에 성실하게 출석하고 있는 하나님의 자녀라도 공격의 빌미를 제공한다면 속수무책으로 당할 수밖에 없다. 그러므로 그네들의 표적이 되는 것을 피하는 것이 무엇보다 중요하다.

## 탐욕적인 사람

탐욕적인 사람은 사탄이 가장 쉽게 노리는 표적이다. 그렇지만 세상에 욕심 없는 사람이 어디 있는가? 그러나 욕심과 탐욕은 다른 말이다. 욕심도 그리 좋은 성품은 아니지만 인간 본성에서 나오는 일반적인 모습이다. 그러므로 욕심을 좋은 쪽으로 다스리면 선한 결과를 얻을 수 있다. 재물에 욕심을 내는 것은 나쁘지만 신앙이나 공부 등, 선한 목적을 이루려는 욕심은 칭찬받을 수도 있다. 그렇지만 탐욕은 욕심과 다르다. 불법과 불의를 마다하지 않고, 수단과 방법을 가리지 않고 얻으려는 마음의 본성이다. 이는 세상적이며 마귀적인 성품이다. 그래서 성경은 탐욕을 우상숭배라 하여(골 3:5), 버려야 할 성품의 우선순위로 꼽고 있다. 그렇지만 하나님이 기뻐하시는 성품을 위해 버려야 할 목록에만 있는 게 아니라, 악령이 노리는 표적의 우선순위가 된다는 사실이 섬뜩하다.

필자의 후배 중 유명 대학 박사 출신으로 대기업의 연구원으로 있는 J 씨는, 교사인 부인과 함께 맞벌이 부부로서 두 사람의 수입을 합치면 아주 부유한 축에 든다. 게다가 그들의 직업은 정년이 보장되어 있어 누구라도 부러워한다. J 씨는 그리 유복한 환경에서 자라지 않았지만 우수한 학교 성적으로 부모님의 극진한 사랑을 한 몸에 받았으며, 예쁜 아내와 결혼하여 행복한 삶을 누리고 있다. 그런데 최근 가까워진 지인으로부터 고소득의 투자를 제안받았다. 얘기인즉슨, 이 투자는 정부의 고위 공무원에게 재테크를 할 수 있도록 배려하여

금감원에서 비밀리에 추진하고 있는 특혜 상품이란다. 그렇지만 대기업 연구원이니까 애길 잘 하면 투자하게 해 주겠다고 속삭였다. 물론 입이 떡 벌어지는 투자 수입을 보장한다는 말을 잊지 않았다. 이러한 투의 투자 권유는 허점투성이였지만, 금융이나 투자에 문외한인 그는 그 말의 진위를 분별할 수 있는 능력이 없었다. 평소에 돈에 대한 욕심이 그리 많지 않은 그였지만, 그 말을 듣고 나서 갑자기 평생 부자로 사는 모습이 머리에 떠올랐다. 그래서 가진 돈을 몽땅 털어 넣고 가족과 친구, 친척들까지 투자하라고 앞장섰다. 그렇게 모은 엄청난 돈을 그 친구에게 맡겼다. 그리 오래지 않아 친구의 말은 거짓으로 판명 났으며 투자를 권유한 지인은 사기를 치려고 접근한 전문 사기꾼으로 드러났다. 그러자 그의 인생은 순식간에 땅에 고꾸라졌다. 자신의 돈은 차치하고라도 부모 형제들과 친구의 돈까지 잃어버리게 되었으니 죽고 싶은 심정일 뿐이었다. 어렸을 때부터 성실하게 다니던 교회마저 그만두고 허깨비처럼 직장을 오가는 처지가 되었다. 필자가 아끼는 후배라, 나도 마음이 답답해서 하나님께 그 원인을 물어보았다. 그러자 성령은 그가 탐욕으로 인해 사탄이 쳐 놓은 덫에 걸려 넘어졌다고 하셨다. 평소에 그리 탐욕적이지 않았지만 큰돈이 눈앞에 어른거리자 사탄이 탐욕을 부추겨서 걸려 넘어지게 한 것이다.

내가 보니 너는 악독이 가득하며
불의에 매인 바 되었도다(행 8:23)

마술사 시몬은 베드로와 요한이 행하는 성령의 능력을 보고 놀랐다. 그래서 시몬이 돈을 주고 그 능력을 사려 했을 때 베드로는 사탄이 쳐 놓은 탐욕에 의해 불의에 매인 그를 보며 경고하고 있다. 이처럼 탐욕은 순식간에 황금에 눈을 멀게 하고 이성을 잃게 하는 치명적인 사탄의 공격 무기이다. 사도행전 5장에서 소개하는 아나니아와 삽비라도 이와 유사하다. 그 부부는 선한 마음으로 땅을 팔아 교회에 바치려고 했지만, 정작 큰돈을 보자 탐욕이 생겨 성령을 속이고 땅값을 감추었다. 그들의 잘못은 땅값을 감춘 게 아니라 성령을 속인, 용서받지 못하는 죄를 짓게 된 것이다(마 12:31). 사탄이 쳐 놓은 탐욕의 덫에 걸려 부부가 같은 날 죽는 비극의 주인공이 되었다. 이 시대는 황금만능의 물질주의 시대이다. 교회 안에도 하나님보다 재물을 더 섬기는 이들이 허다하다. 재물 뒤에는 탐욕의 신인 사탄이 도사리고 있다. 그래서 예수님은 맘몬의 이름을 재물 대신 언급하신 것이다(마 6:24).

### 음란의 쾌락에 약한 사람

사탄이 노리는 사람 중에 빼놓을 수 없는 게 음란의 쾌락을 좋아하는 사람이다. 아시다시피, 이 시대는 음란의 바다에 떠 있다 해도 과언이 아니다. 초등학생들도 마음만 먹으면 인터넷에서 포르노를 감상할 수 있는 기회에 무방비 상태로 노출되어 있다. 그런 여파로 초등학생이 같은 반 급우들을 상대로 저지르는 성추행이나 성폭력이 눈에 띄게 증가하는 추세라고 한다. 스마트폰이 흔하게 보급되어 있으므로, 초등학생조차 굳이 집 안의 컴퓨터에 접속하거나 PC방에 가지 않더라도 얼마든지 관음증을 만족시킬 수 있다. 이러한 세상의 추세로 인해 성추행이나 성폭력 등의 범죄가 가파른 증가세를 보이고 있다. 앞으로도 상상을 초월하는 속도로 성범죄나 성폭행 이후의 살인 행위가 늘어날 것이다. 그렇다면 끔찍한 성폭력을 자행하는 인면수심의 범죄자나 성폭행 이후 살인을 저지르는 살인마들은 우리와는 전혀 다른 세계에서 살던 사람들일까? 결론부터 말하자면, 우리네 주변에서 흔히 볼 수 있는 보통 사람들이 대부분이다. 동네 슈퍼에서 자주 마주치는 청년이거나 근처 공원을 산책할 때 흔히 만나는 아저씨로, 가볍게 눈인사를 나누는 사이도 적지 않다. 그런 평범한 사람이 갑자기 아침 신문의 톱기사로 뜨거나, 9시 메인 뉴스에서 가장 먼저 소개되는 잔인한 범죄자로 얼굴이 드러나면 순간 정신을 잃을 정도로 충격을 받게 된다.

사탄은 사람의 마음에 들어와 생각을 부추기며 죄를 짓게 만든다. 그렇다면 그들은 사람들이 가장 좋아하는 것들을 미끼로 사용할 것이다. 그래서 누구나 좋아하고 즐기고 싶어 하는 음란의 쾌락을 중용하는 것이다. 사탄이 이러한 종류의 수법으로 사람들을 불행에 빠뜨리고 생명과 영혼을 사냥하는 것은 이미 수천 년 전부터 지속되어 온 사실이다. 가나안 땅에 들어와 정착하게 된 이스라엘 백성들은 이미 그곳에 살고 있던 이민족들과 교류하기 시작했다. 하나님이 그들과 교류하지 말라고 엄중하게 경고했음에도 말이다. 가나안 이방 부족들이 섬기는 아세라와 바알신은 풍성한 추수를 거두게 해 주는 농사의 신으로 숭배되어, 축제 때에는 신전에서 거주하는 예쁜 신녀들과 질펀한 성관계를 맺는 게 주요한 종교의식에 포함되어 있었다. 가나안 사람들과 교류하던 이스라엘 백성들은 초대를 받아 자연스럽게 이 축제에 참여하게 되었고 술에 취해 신녀와 음란한 성관계를 맺으면서 타락해 갔던 것이다. 이스라엘 백성으로 하여금 여호와 하나님과 깊은 관계를 떼어 버리고 싶었던 사탄이 가장 효율적으로 사용한 게 바로 음란의 쾌락이다. 그들의 계략은 엄청난 성공을 거두어 이스라엘 백성들을 타락시켰고, 그들은 하나님을 진노케 한 벌로 바벨론에게 공격받아 나라가 멸망했으며 포로로 잡혀가서 뿔뿔이 흩어져 살게 되었다. 하나님의 자녀들을 하나님으로부터 떼어 놓는 가장 효과적인 방법이 바로 음란의 쾌락인 것을 잘 아는 사탄이 지금도 이 방법을 주요하게 사용하고 있음은 두말할 나위 없다. 이 시대는 과거 봉건시대보다 훨씬 더 손쉽게 음란물을 관람하거나 음란의 쾌락을 즐길 수 있기에 사탄의 공격은 더욱 치명적일 수밖에 없다.

최근 교계를 뒤흔든 유명 목회자의 성추행 사건도 사탄의 공격에 당했음이 틀림없는 사실이다. 평소에 청년들로부터 인기가 많았던 그 목회자는 영적 침체로 교인의 수가 줄어드는 한국 교회에 신선한 샘물과 같은 존재였다. 젊은 영혼들을 만족시키는 그의 설교는 자그마한 교회를 순식간에 성도 수만 명 규모의 대형 교회로 성장시켰다. 이를 시샘한 사탄은 그로 하여금 성추행을 하게 만들어 교회를 떠나게 하는 데 성공했다. 다른 교회를 설립했다는 얘기도 들리고 있으나 예전과 같을 수는 없을 것이다. 사탄의 계략은 보기 좋게 성공했고 하나님의 자녀들은 상처를 입고 세상 사람들의 조롱과 멸시를 받아야만 했다. 목회자가 여성도와 불륜의 관계를 맺는 사건은 잊을 만하면 툭 터져 나온다. 가장 철저하게 주변을 정리하고 경계해야 하는 목회자가 이런 상태라면 평신도는 말할 것도 없다. 수많은 교인들이 사탄이 쳐 놓은 음란과 불륜의 덫에 걸려 이혼을 하고 가족들은 뿔뿔이 흩어진다. 하나님을 버리고 교회를 떠나는 것은 말할 것도 없다. 이들의 남은 생은 그야말로 암담하고 처절하다. 아내는 고된 노동에 시달리다 유흥업소에 들어가 돈을 벌거나, 남편은 노동의 의욕을 잃고 노숙자가 되거나 알코올 중독자가 되어 폐인으로 인생을 마감하게 된다. 사탄은 지금도 수많은 하나님의 자녀를 지옥으로 가는 열차에 탑승시키고 있다.

사탄이 처음부터 인간에게 불륜의 범죄를 저지르게 하거나 끔찍한 성폭행을 즐기는 극악무도한 범죄자가 되게 하는 것은 아니다. 이들도 처음에는 집 안의 컴퓨터나 스마트폰으로 음란물을 은밀하게 즐기는 것에서부터 시작했다. 그러다가 좀 더 짜릿한 쾌감을 얻고 싶은 충동에 시달리기 시작하고, 실제로 거리에 나가 몰카를 찍어 인터넷에 싣게 되고, 음란 동호회에서 채팅을 통해 알게 된 애인과 모텔을 들락거리게 되는 것이다. 봉건주의 시대에는 금욕적인 사회 분위기 때문에 음란이나 불륜이 세상을 흐리기에는 불충분했지만, 현시대에 들어와 자유로워진 성 문화와 발달된 인터넷 때문에 음란과 불륜은 사탄의 최고의 공격 무기가 되었다고 해도 과언이 아니다. 시내 유흥

가는 물론, 풍광이 화려한 곳이면 어김없이 모텔이 우후죽순으로 들어서서 음란과 불륜을 부채질하고 있다. 여기에 빠지면 순식간에 평안한 가정과 안정적인 직장을 잃게 되는 것으로 시작해서, 끝없는 고통에 시달리며 후회막급의 인생이 된다. 가장 안타까운 것은 소중한 생명과 영혼을 잃는다는 것이다. 소수의 사람들은 배우자에게 용서를 받고 신앙을 회복하기도 하지만 가슴에 새겨진 끔찍한 상처만은 지워지지 않는 것 같다. 귀신들이 음란과 불륜을 부추기는 현상을 깨닫는 것은 어렵지 않다. 귀신들이 사람들의 몸에 들어와 자리를 잡는 것은 그리 흔한 현상이 아니지만, 생각에 들어와 부추기는 것은 모든 사람들에게 해당된다. 경건하기로 이름 높은 목회자도, 성령 충만한 크리스천도 예외는 아니다. 기도할 때 순간적으로 음란한 생각을 떠올리게 하여 기도를 방해하는 일은 수없이 경험하는 일이다. 만약 메일로 들어온 음란물을 호기심에 열어 보기라도 한다면 그날은 기도를 접어야 한다. 이런 일이 잦아지면 드디어 틈을 타는 기회를 제공하게 되며, 기도가 끊긴 삶은 성령의 무장을 해제시켜 순식간에 범죄의 길로 들어서는 것이다. 이러한 귀신의 음란 유혹을 막는 길은 처음부터 단단하게 마음먹고 음란한 생각을 차단하는 것이다. 그럼에도 불구하고 수많은 크리스천이 사탄의 덫에 걸려 넘어져 생명과 영혼을 잃고 있으니 안타까운 일이다.

## 술을 좋아하는 사람

술을 즐기는 사람이라면 귀신이 노리는 표적의 중앙에 있는 사람이다. 모든 범죄에 술이 끼어 있지 않은 경우가 거의 없다. 술은 범죄의 촉매제로 안성맞춤이기 때문이다. 폭력이나 살인, 간음이나 불륜은 말할 것도 없고 불법 거래가 오가는 자리에는 으레 술자리가 마련된다. 술을 마시면서 동료 의식을 느낄 수 있기도 하지만, 무엇보다도 법과 도덕에 대한 죄의식을 없애고 통제력을 잃게 하는 데는 술만 한 게 없다. 술을 마시면 평소에 소심한 사람도 담대해지고 이성을 잃고 행동하게 되는 이유이다. 술이 깨면 자신이 한 행동인지 생각도 안 나고, 막 나가는 행동에 후회막급이 되곤 하지만 이미 저질러진 일이다. 그래서 사탄은 죄를 짓게 하고 생명과 영혼을 사냥하는 탁월한 촉매제로 술을 이용하는 것이다. 그래서 평소에 전과가 없는 사람일지라도 술을 즐기며 알코올 중독의 증세를 가진 사람이라면 위험한 상황에 놓여질 것이 분명하다. 언제든지 사탄이 틈을 타게 하는 빌미를 제공하기 때문이다.

최근 어린 여아를 성폭행하고 살해하려 한 잔인한 사건들에서도 가해자는 술에 대취해서 생각이 나지 않는다는 변명을 하곤 한다. 전혀 생각이 나지 않는다는 말은 거짓이겠지만, 술에 취하면 통제력을 상실하고 이성을 잃게 되어 대담하게 범죄를 저지르게 되는 것이다. 술에 취했다고 누구나 죄를 짓는 것은 아니다. 그러나 술에 취하면 범죄를 저지를 가능성이 폭발적으로 높아지는 것은 사실이다. 이는 사탄이 마음을 부추겨 짜릿한 쾌락을 즐기라고 부추기고 있기 때문이다. 오랜만에 남녀 초등학교 동창생들이 만난 자리에서도 술이 거나하게 취해 은밀한 자리로 옮겨 단둘이 남게 되면 불륜으로 빠져드는 것도 사탄이 술을 이용해서 이성을 잃게 하고 죄를 짓게 만들기 때문이다. 이들이 술에 취하지 않았다면 그런 후회할 행동을 할 리가 없다. 술만 마시면 가족과 이웃에게 폭력을 행사하는 이들도, 술을 이용해서 범죄를 저지르는 사탄의 계략에 놀아나는 것이다. 이들의 삶은 처참하게 파탄이 나고 불행의 수렁에서 허우적거리며 끝이 나게 되어 있다. 사탄이 노리는 게 바로 이런 모습이다. 사탄은 하나님의 자녀가 불행에 빠져 고통스러워하는 모습을 보며 흐뭇하게 미소를 짓는다.

## 빚을 무서워하지 않는 사람

필자는 여러 사역을 병행하고 있는데, 10여 년 전에 성경적인 재정 관리 사역을 시작했다. 이 사역은 돈을 버는 것과 사용하는 것에 필요한 성경의 원칙을 찾아내어 크리스천들이 지혜롭게 삶에 적용하도록 도와주고 있다. 그렇지만 전문적인 사역 프로그램을 배워 와 시작한 것이 아니라 스스로 콘텐츠를 만들어 상담과 책, 세미나 등을 해왔기에 처음에는 너무 버거웠다. 또한 교회에서는 돈에 대한 교육이 거의 없다시피 했기에, 성경에서 찾아내어 그 원칙을 밝히는 데 많은 시간과 노력이 필요했다. 물론 하나님이 깨달음을 주셨기에 가능했음은 물론이다. 그중에서 자신이 갚을 수 없는 큰 빚인, 악성 부채의 원인을 꿈을 통해 알려 주신 장면은 지금도 기억에 생생하기에 밝혀 두고 싶다.

　필자는 꿈속에서 어느 방 안에 앉아 있었다. 그런데 그 방은 불이 꺼져 캄캄하였고 바로 앞방은 환하게 불이 켜진 채 가는 발로만 조금 가려져 있어서, 필자는 그 방을 자세히 엿볼 수 있었다. 하지만 그 방의 사람들은 캄캄한 방에 있는 필자의 존재를 눈치챌 수 없었다. 그때 갑자기 한복을 입은 우람한 체격의 여자가 등장하였는데, 얼굴은 보이지 않았지만 그 여자는 두려움에 떨고 있는 연약해 보이는 남자를 억센 팔로 끌고 들어왔다. 그녀는 질질 끌고 온 그 남자에게 차용증을 보여 주었는데, 0이 여러 개 붙은 걸로 보아 1천만 원 정도의 액수로 보였다. 그런데 갑자기 그녀는 험악한 얼굴로 그 남자를 위협하며 0을 한 개 더 붙이라고 소리를 치는 것이었다. 그 남자는 겁에 질린 채 안 하겠다고 발버둥 치며 반항해 보았지만, 결국 협박에 이기지 못하고 0을 한 개 더 붙여 1억 원의 차용증서에 서명을 하는 광경이었다. 필자는 꿈속에서도 이런 모습을 이해하기가 어려웠다. 왜 이 억센 여자가 나약한 남자에게 윽박지르며 채무액을 높이라는 것인지 혼란스러웠다. 그런데 갑자기 그 여자의 발 모습이 보였다. 그 발은 긴 비늘로 덮인 독수리 발 모양에 긴 발톱을 가진 모습이었는데, 발톱 끄트머리마다 여러 개의 검은 줄이 매달려 있는 기괴한 모습이었다. 그 모습을 본 순간, 그 여자가 사람이 아니라 사탄이라는 생각이 순식간에 들었다. 이상이 필자가 꾼 꿈의 내용 전부이다.

 필자는 꿈에서 깨고 나서야 이 꿈이 하나님께서 악성 부채 뒤에 숨은 사탄의 계략을 알게 해 주신 것임을 깨달았다. 사탄은 사람들에게 빚을 지게 해 놓고 엄청난 이자를 붙여 도저히 갚을 수 없게 만들어 생명과 영혼을 빼앗는다. 요즈음 사채업자들이 하는 수법은 꿈속에 본 사탄의 모습과 동일하다. 소액의 돈을 빌려주고도 도저히 갚을 수 없는 이자를 붙여 전 재산을 빼앗고 신체 장기라도 팔아서 갚으라고 하는 행위를 보면, 이들의 배후에 도사리고 있는 사탄의 흉계를 알게 될 것이다. 필자는 그 뒤로 재정 관리에 대한 중요한 분야인 빚을 어떻게 해야 하는지 분명한 하나님의 뜻을 깨닫게 되었다. 이처럼 하나님은 성경을 통해서 자신의 뜻을 분명하게 밝혀 놓으셨지만, 필요에 따라서는 꿈이나 환상을 통해서 보여 주시기도 한다.

 앞서 밝힌 대로, 10여 년이 넘게 필자는 방송국이나 포털 사이트에 전문 게시판을 열고 수천 명이 넘는 사람들을 대상으로 상담을 해 왔다. 직접 전화를 걸어 오거나 집으로 찾아온 사람도 많았다. 그중에는 악성 부채를 갚지 못해 수렁에 빠진 사람들의 눈물 어린 호소도 적지 않았다. 조폭 사채업자의 협박에 못 이겨 자살을 결심했다고 하는 사람도 있었고, 실제적으로 자살하러 가면서 필자에게 전화를 걸어 온 사람도 있었다. 이들이 자살을 결심하게 될 때까지 겪은 고통과 환란은 당해 보지 않은 사람은 상상하기 힘들다. 부부간에 미움과 증오가 극도로 치달아 날마다 부부 싸움 끝에 이혼을 하고 가족이 뿔뿔이 흩어지거나 심지어는 승용차에 연탄불을 피워 놓고 동반 자살을 기도하는 이들도 있다. 부채 뒤에는 사탄의 흉측한 계략이 있다는 사실을 미처 깨닫지 못하고 여기에 걸려든 것이다. 마치 여름밤 모닥불에 현혹되어 몸을 던지는 나방처럼.

이 시대는 빚에 대해 관대하다. 그 이유는 말할 것도 없이, 우리가 사는 나라가 바로 자본주의 국가이기 때문이다. 이데올로기를 제외하고, 자본주의 국가의 정체성의 특징은 자본이 주인이 되는 데에 있다. 돈을 가진 자의 생각대로 움직인다. 그 중심에 금융기관이 있고, 은행이나 캐피털, 증권사나 보험회사의 주요 수입원은 돈을 빌려주고 이자를 받는 것이다. 그러므로 막대한 정치자금이나 화려한 인맥으로 정치가나 관료들을 움직여, 대출에 대한 법이나 제도가 그들에게 유리하게 입법되고 적용되도록 하고 있다. 그 피해는 돈을 빌리는 국민에게 고스란히 돌아간다. 금융 이자는 다른 노동의 대가보다 훨씬 높게 책정되어 있기 때문이다. 또한 이자를 못 갚으면 물게 되는 연체이자는 복리로 적용되며 연체이율은 부르는 게 값이다. 또한 큰 규모의 광고로써 돈을 빌리는 것에 대한 부정적인 생각을 없앤다. 막대한 광고료를 투자한 광고매체를 통해 신용카드를 쓰는 것이 지혜로운 행위이고, 투자할 때나 사업할 때 대출을 얻는 것을 당연하다고 여기도록 세뇌시킨다. 그 대가로 모든 국민들이 신용카드를 사용하고 있으며 빚이 없는 이들이 거의 없을 정도이다. 그렇지만 이자를 3개월만 연체해도 신용불량자에 등록이 되고 모든 채무를 일시에 환원해야 한다. 그래서 카드 돌려막기를 하다가 여의치 않으면 이율은 비싸지만 캐피탈로 가서 더 빌리고 마지막에는 사채까지 사용하게 되는 것이다. 그렇지만 사채의 수렁에서 빠져나오는 사람은 거의 없다. 사채는 사탄이 교묘하게 쳐 놓은 덫이기 때문이다. 그래서 처녀들은 몸을 팔고 남성은 장기를 팔아서라도 빚을 갚아야 한다. 악성 부채에서 빠져나오는 유일한 탈출구는 자살을 하는 것뿐이다.

부자는 가난한 자를 주관하고
빚진 자는 채주의 종이 되느니라(잠 22:7)

성경은 빚진 자를 가리켜 노예가 된다는 섬뜩한 말로 경고하고 있지만, 이를 깨닫고 삶의 좌우명으로 삼는 이는 많지 않다. 빚으로 인해 수많은 크리스천들이 자유를 잃고 평생 고통에 시달린다. 사탄의 덫에 걸리지 않는 방법은 단순하다. 빚을 얻지 않는 것이다. 필자도 젊은 시절에 대출을 얻어 사업을 하다, 시쳇말로 쫄딱 망해 오랜 세월을 빚에 시달리며 살았다. 그것이 성경적인 재정 관리 사역을 하게 된 간접적인 동기가 되기도 했다. 어쨌든 빚의 해악을 알고 빚을 지지 않으면 사탄도 어찌 할 수 없다. 신용카드가 없으면 과소비와 충동구매를 방지할 수 있으며, 돈이 부족하면 부족한 대로 살면 된다. 자족과 절제가 성령의 열매인 이유이다. 탐욕과 조급함을 다스리지 못하고 세상 풍조에 휩쓸려, 준비되지 않았음에도 먼저 즐기려는 방탕함이 빚을 얻게 만드는 원흉이다. 대출로 자동차와 아파트를 장만하고, 빚을 내어 사업을 하고 투자를 한다. 그래서 평생 빚의 수렁에서 빠져나오지 못하는 것이다. 사탄은 빚을 무서워하지 않는 사람을 좋아할 수밖에 없다. 그들의 훌륭한 먹잇감이 되기 때문이다.


## 툭하면 화를 잘 내는 사람


사소한 일에도 화를 잘 내고 화가 나면 분노를 절제하지 못하는 사람들은 귀신들이 노리는 흔한 유형의 사람이다. 분노의 원천은 미움과 증오이며 이는 하나님이 가장 싫어하는 성품이지만, 그 반대로 사탄과 귀신들이 좋아하며 조장하는 성품이기도 하다. 미움과 증오는 불평과 짜증으로 이어지며 세상과 부모, 회사의 상사 등 근거 없는 대상에 대한 원망을 품게 하여 삶이 온통 부정적인 생각으로 들어차게 만든다. 이러한 사람의 특징은 사소한 일에도 화를 내며, 화가 나면 이성을 잃고 큰 싸움으로 번지게 한다는 것이다. 이러한 사람들이 주변에 적지 않다. 심지어는 목회자들 중에도 이러한 사람을 볼 수 있는데, 교단에서 회의를 하다 자신의 마음에 들지 않으면 사소한 일에도 감정을 억제하지 못해 소리를 지르고 싸움으로 번지게 한다. 물론 화를 내는 것이 다 귀신의 소행은 아니다. 예수님도 성전에서 제사용 소나 양을 팔고 돈을 바꾸어 유익을 얻던 장사꾼들에게 화를 내기도 하였음을 보면 거룩한 분노도 있으며, 부조리와 부패 등의 사회의 일각에서 벌어지는 불의한 일에 분노를 일으킬 수도 있다. 자녀나 배우자, 친구들 사이에도 마음에 들지 않는 일이 생길 수 있으며 감정을 절제하지 못해 화를 내는 경우도 발생한다. 그렇지만 이런 사건은 보통 사람들에게 그리 흔한 일이 아니다. 1년에 한두 번 생길까 말까 하는 일이다. 그렇지만 툭하면 화를 내는 사람은 1개월 만에도 이런 일이 부지기수이다. 대부분의 경우 소리를 지르고 주변 사람들에게 공포감을 조성하지만, 다른 사람들이 피하고 말리다 보면 그리 큰 싸움이 벌어지지 않고 끝나곤 한다. 그렇지만 이러한 사람들이 바로 사탄이 노리는 표적이라는 것이다.

분을 내어도 죄를 짓지 말며 해가 지도록 분을 품지 말고
마귀에게 틈을 주지 말라(엡 4:26~27)

앞서 언급한 대로, 화를 내는 사람들은 마귀에게 공격할 빌미를 제공할 공산이 크다. 특히 툭하면 화를 자주 내는 사람들은 더욱 그렇다. 그러한 사람들은 맨정신으로 화를 내기보다 술에 취하면 화를 내는 본성이 드러나곤 한다. 적지 않은 가정들이 술에 취한 채 들어와 가족에게 욕설을 하고 가재도구를 집어 던지며 심지어는 난폭하게 폭행하는 아버지 때문에 골머리를 앓고 있다. 그래서 수십 년 동안 이러한 고통을 견디다, 도저히 참지 못해 살인을 저지르는 사건이 발생하기도 한다. 그러한 사람은 가족만 괴롭히는 것이 아니다. 주변 상가를 돌아다니며 가게에서 공짜로 술을 마시거나 상품을 내놓으라고 하고, 말을 듣지 않으면 욕설을 하고 폭행을 가한다. 경찰에 신고해도 그들은 며칠이 지나면 버젓하게 나와 고발한 이를 찾아다니며 위협과 협박을 하며 주변을 공포의 도가니로 몰아넣고 있다. 그들 주폭들 중에는 전과 기록이 수십 번이 넘는 경우도 허다하다고 한다. 처음에

는 자신도 모르게 폭력을 행사했겠지만, 시간이 지나면서 마음이 굳어져 만성이 된 것이 틀림없다. 분명 그들은 귀신의 덫에 걸려 있을 공산이 크다. 그렇지만 그들도 애초에 자신의 화를 내는 부족한 성품을 깨닫고, 고치려 하고 절제하려 노력했다면 거의 폐인이 되는 지경까지 가지는 않았을 것이다.

윗대의 조상들이 술에 취해 화를 잘 내는 집안은 자손들도 성마르며 폭력을 행사하는 일들이 잦다. 세상에서는 이러한 일을 두고 집안 내력이라고도 하며, 어릴 적부터 부모가 하는 것을 보고 배우며 자란 아이들이 커서 그것을 그대로 한다고도 말하고 있다. 물론 그런 성향도 무시하지 못할 것이다. 그렇지만 윗대부터 집안을 장악하고 지배하고 있던 귀신들이 술에 취하면 화를 잘 내는 집안 내력에 편승하여 생각을 부추겨서 미움과 증오가 들게 하고 술에 취해 이성이 마비된 상황을 이용하여 폭력을 행사하게 하는 것이다. 그런 집안의 특징은 선대부터 아주 흡사한 사건들이 반복된다는 것이다. 그래서 자손들 중에 부부가 이혼한 결손가정이 많고, 만연한 폭력에 의해 살인을 저지르거나, 불행한 가정을 비관하여 자살을 하는 이들도 적지 않다. 이러한 현상은 귀신들이 화를 잘 내는 성품을 이용해 더 큰 범죄를 저지르게 하여 가정을 불행에 빠뜨리고 생명과 영혼을 사냥하기 때문이다. 가정환경이나 윗대의 조상들 중 그런 성향을 가진 사람이 많았다면 자신도 귀신으로부터 그런 공격을 받을 확률이 크다. 특히 화를 잘 내는 성품이 있다면 아주 위험한 상태라고 보아야 한다. 술에 취해 화가 난 상태서 귀신이 생각을 부추기면 자신도 모르게 끔찍한 범죄를 저지를 확률이 높다. 평생 씻지 못할 불행의 수렁에 빠지는 끔찍한 일이 벌어지는 것은 순식간이다. 어제도 성령께서 영음으로 귀신들의 능력을 무시하지 말라는 말씀을 주셨다. 귀신들은 천사와 동급으로 사람을 훨씬 뛰어넘은 놀라운 영적 능력을 지니고 있다. 사람의 마음을 읽어 내 생각을 부추기고 약점을 집요하게 공격하면 여기에 넘어가지 않을 사람이 거의 없다. 실로 무서운 놈들이다.


## 쉽게 낙심하거나 자기 연민에 빠지는 사람

귀신들이 생각 속에 넣어 주는 것들은 모두 부정적인 것이나 악한 생각들이다. 미움, 증오, 음란, 질투, 분노, 의심, 불평, 원망, 걱정, 염려, 불안, 공포 등 죄다 삶의 질을 떨어뜨리고 희망을 잃게 만든다. 그뿐만이 아니다. 두려움과 불안은 소극적이며 부정적인 자아를 형성하게 되고, 대인기피증을 양산한다. 나아가 불면증과 우울증을 호소하다 알코올에 의지하거나 자살 충동을 느끼게 되는 것도 시간문제이다. 그렇지만 모든 사람들이 그런 것은 아니다. 불행한 사건을 맞닥뜨리거나 충격적인 일을 당했어도 시간이 지나면 회복되어 정상적인 삶으로 되돌아오는 경우가 대부분이다. 그렇지만 시간이 갈수록 더욱 악화되어 걷잡을 수 없는 상황에 이르는 이들도 있다. 그런 사람들의 특징은 쉽게 낙심하고 좌절하거나 자기 연민에 빠져 슬퍼하는 게 익숙한 사람들이다. 이들은 충격적인 상황에 빠지면 이를 이겨 내려고 노력하기보다 자기 방에 들어가 문을 닫아걸고 불을 끈 채 침묵하면서 시간을 보낸다. 그런 약점을 누구보다 잘 알고 있는 귀신들은 그들의 생각에 침투하여 생각을 증폭시켜 우울증과 조울증, 공황장애, 불면증을 일으키고, 자살을 부추긴다. 실제로 자살하는 이들도 적지 않다. 그러므로 충격적인 결과에 대해 낙심하고 좌절하며 자기 연민에 빠져 슬퍼하고 있다면 귀신들의 먹잇감이 될 확률이 높다고 보아야 한다.


## 성령이 내주하지 않는 크리스천

교회에 성실하게 나온다면 귀신들이 범접도 못할 것이라고 생각하는 크리스천이 적지 않다. 사탄을 주제로 한 영화에서 십자가를 보여주면 악령이 혼비백산해서 달아나는 장면 때문에 그런 상상을 한 것이겠지만, 이는 귀신에 대한 무지의 소치이다. 대부분의 목회자 역시 예수를 믿고 교회에 나오면 사탄이나 귀신들이 소스라치며 도망간다는 투의 이야기를 많이 하고 있다. 그렇지만 그런 말은 성경적인 근거가 없다. 정확하게 말하자면 그들이 도망치는 이유는 크리스천이거나 교회에 나와서가 아니라, 성령 하나님의 제재를 받으면 그렇다는 말이다. 귀신이 두려워하는 것은 오직 하나님뿐이지만 성령이 내주하지 않는 크리스천이라면 보통의 다른 사람과 다를 것이 없다. 그들은 사람의 생각을 읽고 있기에, 성령이 내주하는 크리스천인지 무늬만 크리스천인지 단박에 알 수 있다. 그렇다면 그런 사실을 어떻게 증명하느냐고 반박하는 이들도 적지 않을 것이다.

> 그러면 열여덟 해 동안 사탄에게 매인 바 된
> 이 아브라함의 딸을 안식일에
> 이 매임에서 푸는 것이 합당하지 아니하냐(눅 13:16)

예수님은 안식일에 회당에서 성경을 가르치실 때 한 여인을 발견했다. 그녀는 18년 동안 사탄에게 억눌려 심하게 고통받고 있었다. 이 여인은 매 안식일마다 회당에서 하나님을 찾았으며, 예수님께서 아브라함의 딸이라고 밝히신 것으로 보아 신실한 신앙심이 있었음에 틀림없다. 그렇지만 그녀는 무려 18년 동안 사탄의 덫에 걸려 고통스러운 삶을 이어 가고 있었다. 그렇지만 이 여인이 사탄의 억압에서 벗어나지 못하는 이유는 하나님을 신실하게 믿지 않아서도 아니고, 매주 예배를 드리러 회당에 오지 않아서도 아닐 것이다. 하나님의 능력을 경험하지 않아서이다. 교회에 정기적으로 출석한다고 사탄이나 귀신이 공격하지 않는다는 것은 순진한 생각일 뿐이다. 물론 예수님을 그리스도로 믿는 사람이라면 귀신도 두려워하겠지만, 성령이 내주하는 상태의 믿음이 있어야지, 그냥 지식으로 예수님을 믿는 정도라면 아무런 능력도 보여 주지 못한다. 평신도는 차치하고 수많은 목회자들이 귀신을 쫓아내지 못하는 우리네 교회의 현실을 곱씹어 본다면 이 사실을 받아들이는 것이 그리 어렵지 않을 것이다. 사탄은 예수님을 보면 두려워 도망치기 바빴지만 그 제자들은 상황이 다르다. 예수님을 코앞에 두고 사도들을 농락하며 복음을 방해하고자 했다. 베드로의 생각을 틈타 예수님의 계획을 방해하려 한 사실을 생각해 보라(막 8:33). 그들이 두려워한 것은, 공생애 시절의 예수님을 따라다니며 배우는 과정의 사도가 아니라 예수님 승천 이후에 성령을 받아 무장한 사도들이다.

그렇지만 우리는 성경에 기록한 사건과 우리가 실제 사는 상황을 동일시하지 않는다. 성경에 기록되어 있긴 해도 피부로 느껴지는 하나님의 말씀으로 받아들이는 믿음이 부족하기 때문이다. 성경의 사실이 실제로 우리의 삶에도 똑같이 적용되는지 깨달으려면 영적인 눈을 가지고 체험을 해 보아야 한다. 필자의 사역의 중심은 사탄으로부터 고통받는 양들에게서, 악한 영의 공격을 무력화시켜 그들이 일으킨 각종 삶의 문제를 해결하고 질병을 치유하며 신앙을 회복하는 데 초점이 맞추어져 있다. 물론 그들을 제압할 만한 영적 능력을 부여받았기에 가능한 일이다. 그럼에도 불구하고 수시로 악령은 필자를 괴롭히며 사역을 방해하려고 무진 애를 쓰고 있다. 가장 흔한 공격이 정신을 혼란에 빠뜨려 기도를 방해하는 일이다. 성령과 깊게 교제하는 필자에게까지 공격을 서슴지 않는 그들이라면, 평범한 크리스천을 우습게 여기는 일이 당연한 게 아니겠는가? 실제로 크리스천 영성학교에는 1주일의 여러 날을 성령이 내주하시는 기도훈련을 원하는 크리스천들이 모여 말씀을 배우고 기도훈련을 하고 있다. 그들은 이전에 기도할 때는 몰랐는데, 성령이 내주하려는 기도를 시작하면서 귀신으로부터 공격받고 방해받는 일들은 아주 흔한 일이라고 고백한다. 기도를 시작하면 갑자기 온몸에 전율이 느낄 정도로 공포감에 휩싸이게 하는 것도 그들이 주로 하는 공격의 일환이며, 가족들이 시비를 걸어 싸움을 일으키게 하는 공격 방법도 심심찮게 사용한다. 귀신을 축출하는 과정에서 맞닥뜨리는 방해 공작은 비일비재하다. 어쨌든 교회 예배에 성실하게 출석하고 있다고 귀신들의 공격에서 무사할 것이라고 생각하는 것은 위험천만한 일이다.

# 5. 대대로 귀신이 지배하는 집안도 있다

실제로 귀신들이 몸 안에 들어가 있지 않고 집안의 주변을 배회하면서 틈만 나면 생각을 부추기며 공격하는 일들이 흔하다. 그렇지만 영적 분별력이나 성령의 도우심이 없다면 절대로 알 수 없다. 필자도 이 사역을 시작하기 전에는 귀신의 습성이나 공격에 대해 전혀 알아채지 못하였다. 가끔 사탄이나 악령에 대한 축출 내용을 다룬 해외 저자의 책을 읽기는 했지만, 직접 필자에게 이런 사건이 일어나지도 않았을 뿐 아니라, 발생했다손 치더라도 이들의 존재에 대해 무지하였기에 특별한 관심을 두지 못한 것도 사실이다. 성경에 여러 차례 기록되어 있고 필자에게서 멀리 떨어진 이들이 책을 통해 소개하고 있다고 하더라도, 필자의 삶이나 사역에 심각한 문제로 다가오지 않는 한, 비밀리에 진행되기에 이들에 대한 지식이 더 이상 진전될 수 없다. 아마 대부분의 크리스천들 역시 필자와 같은 입장일 것이다. 눈에 보이지 않고, 귀에 들리지 않으며, 과학적인 실험으로 증명되지 않는 존재를 더 이상 알아낼 수 없다. 필자가 성령의 인도하심으로 악령에 대한 사역을 시작하고 나서 성령이 영음으로 그들의 존재감이나 공격성향을 알려 주셨기에 어렵사리 무지에서 벗어날 수 있었다. 적지 않은 귀신들은 사람들의 몸에 들어가 잠복하지 않더라도 집안을 떠돌며 가정을 지배하고 있다는 사실도 포함되어 있음은 물론이다. 그래서 필자는 집안 대대로 내려오며 지배하는 귀신들의 특징이나 공격 성향에 지대한 관심을 기울이게 되었다. 언제부터 들어왔는지 정확하게 알 수는 없지만 귀신들의 공격으로 인해 불행한 삶을 겪고 있는 이들을 통해 어느 정도 가늠해 볼 수 있다는 것만 해도 참 다행스런 일이다. 그들의 공격을 깨닫고 나면 해결책도 얻게 되기 때문이다.

## 불행과 환난이 끊이지 않는 집안

앞서 소개한 S 집사는 부모 때부터 기독교를 섬기는 집안이어서 어릴 적에는 부모를 따라 교회에 나갔지만, 성인이 되면서 하나님을 잊고 세상에 나갔다. 그의 아내는 미신을 섬기는 집안 출신이었지만 그는 개의치 않았다. 그런데 미국에 조기 유학 보냈던 아들이 탈이 나서 돌아왔다. 유학 생활에 적응하지 못하고 중도에 포기하고 돌아온 아들은, 귀국한 이후로 사람이 달라졌다. 대인기피증이 생겨 사람을 만나는 것을 두려워하고 집에만 틀어박혀 지내려고 했다. 그뿐만이 아니다. 우울증과 불면증도 생겼다. 처음에는 미국에서 적응하지 못한 후유증 때문이려니 하고 가볍게 넘겼는데, 시간이 지나며 증세가 계속 악화되었다. 여러 병원을 찾아다니며 입원과 퇴원을 반복하고, 처방을 받아 약을 복용하였지만 병세는 나아질 기미가 보이지 않았다. 유학을 잘못 시켜 장래가 유망했던 아들을 버렸다는 생각에 후회막급이었지만 이미 엎질러진 물이었다. 그리고 몇 년이 지나자 집안에 틀어박혀 있는 아들은 주변 사람들의 관심에서 멀어졌다. 하지만 부모에게는 살을 저미는 아픔이었다. 그러다가 S 집사는, 그간의 사정을 잘 아는 직장 동료의 소개로 필자를 찾아와서 자신의 사정을 털어놓은 것이다.

그 아들은 흔히 나타나는 정신질환의 증세를 보이고 있었지만, 필자는 그 원인이 무엇인지 궁금해하며 기도하였다. 그런데 뜻밖에 성령이 그 집에 귀신의 무리들이 있다고 말씀해 주셨다. 그러면서 아들을 고치기 전에 사탄의 세력을 무력화시키고 말씀과 기도로 무장해야 한다며, 먼저 S 집사의 아내를 지목해 사탄이 그녀에게 넣어 준 생각을 빼내고 마음을 변화시켜야 한다고 하셨다. 필자가 S 집사에게 그 말을 하자, 그는 한숨을 쉬면서 아내에 대해 털어놓기 시작했다. 연애할 때는 잘 몰랐지만, 결혼한 후에 알게 된 아내의 성품은 차갑고 이기적이었다. 오직 돈과 자기 자신밖에 모르는 독선적인 성격이어서, 부부 싸움이 끊이질 않고 가정에는 늘 살얼음이 감도는 긴장이 사라지지 않았다고 한다. 세월이 흘러 S 집사는 아내의 성품을 고치는 것을 포기하고, 집에 들어오기보다 밖으로 나도는 생활을 많이 했다고 한다. 아들이 정신질환 증세를 보이자 아내의 이기적인 태도는 더욱 심해졌는데, 아들을 돌보기는커녕 짜증과 분노를 발산하면서 얼굴도 마주치지 않으려 한다는 것이었다. 그런 아내와 집안 분위기에 실망해서 S 집사는 집을 떠나 몇 달씩 모텔에서 잔 적도 있었다고 고백했다. 그렇다고 이혼을 할 수는 없는 일이었다. 문제는 이러한 아내의 성품이 장모를 빼다 박았다는 것인데, 장모의 이기적이고 독선적인 성품은 아내조차 못 따라갈 정도라고 말했다. 그래서 딸인 아내조차 친정어머니인 장모를 만나지 않고 산 지 오래되었다고 말했다. 만나 봐야 서로 증오의 감정을 확인하고 갈등만 키우기 때문이었다. 이런 집안 분위기는 장모와 아내의 사이뿐 아니라 모든 가족들이 비슷하다고 했다. 그렇게 미움과 증오, 싸움과 비난이 난무하는 집안은 처음 보았다며 S 집사는 혀를 내둘렀다. 그런 집안 분위기 탓인지, 장인은 젊은 시절부터 술독에 빠져 있었다. 외아들인 젊은 처남 역시 술을 즐겼다. 그는 심지어 고도비만에 혈압이 높아 혈압강하제를 상시 복용하여야 했는데, 이를 무시하다가 30대에 뇌졸중에 걸렸다. 오랜 시간 병원에서 치료했으나 유아 수준의 지능에 불과한, 집안의 골칫거리로 전락했다. 말하자면 집안이 온통 불행과 고난이 겹쳐 고통스런 상태에 있었는데, 서로 불쌍히 여기고 위로해 주어야 할 가족들은 서로 반목과 갈등 수위를 높이고 있는 셈이었다. 그런데 그 원인이 그 집안을 지배하고 있는 악령의 무리 때문이라고 설명하자 그는 말을 잇지 못했다.

역시나 앞서 소개했던 O 집사의 경우도 여기에 속한다. O 집사가 젊은 나이에 시집와 보니 경악할 만한 수준이었다. 남편은 대형 트럭 운전사라 매달 월급이 나왔지만 날이면 날마다 마셔 대는 술로 인한 밀린 외상값을 갚고 나면 다시 외상을 얻어야 생활을 할 수 있었다. 젊은 시절부터 술과 빚에 시달려 온 인생은 평생 나아지지 않았다. 지금까지 이사만 25번을 다녔다고 하니 그의 고단한 인생이 상상이 간다. 자녀들도 형편은 다르지 않다. 사업 실패와 술에 찌들어 사는 것이 아버지를 닮았고, 하는 일마다 실패의 연속인 게 대대로 내려오는 집안의 내력이라고 여길 정도이다. 결혼해서 살고 있는 아들의 집안은 그야말로 최악의 상황이다. 며느리가 집안일을 하지 않고 밖으로 나돌아 집 안은 쓰레기장을 방불케 할 만큼 발 디딜 틈이 없이 가재도구와 옷가지로 빼곡했다. 하지만 살림에 관심이 없는 며느리는 아들에게 이혼을 빌미로 오직 돈만을 요구하고 있다고 한다. 중소기업에 다니는 아들은 큰돈이 없으니 아내에게 마이너스 통장을 개설해 주고 나서 이혼하고 싶은 생각이 굴뚝같지만, 초등학교에 다니는 아들 때문에 냉가슴만 앓고 있는 실정이다. O 집사가 교회에 나가서도 형편은 그리 나아지지 않았고, 신앙생활이 고단한 삶에 도움을 주지 못했다. 지금은 남편도 같이 교회를 나가고 있지만 신앙이 성장하지 않는 것은 자신과 같다고 한다. 기도를 하려 해도 집중이 되지 않고, 성경을 읽어도 머릿속에 들어오지 않는 원인을 자신의 탓으로 돌렸다. O 집사가 필자의 기도훈련 모임에 동참하여 기도할 때, 성령께서 영음으로 그 집안이 겪고 있는 일들은 집안을 혼잡케 하는 악한 영 때문이라고 일러 주셨다. 대대로 집안에 배회하면서 가족들의 삶을 고통과 불행에 빠뜨린 것이다.

## 가난에 찌들고 가정 폭력에 시달리는 집안

가난한 사정은 다양하지만 아무리 노력하고 애써도 가난에서 벗어나지 못하는 집안이 있다. 어떤 가정은 가장이 질병에 사고로 인해 일할 수 없거나 아예 장애를 타고나서 적절한 직업을 갖지 못하기에 가난할 수밖에 없는 처지이다. 그렇지만 육체적으로도 건강한데 건강한 직업관을 가지지 못하는 경우도 있다. 일확천금에 눈이 멀어 불의하거나 불법적인 투자도 서슴지 않으며 돈만 된다면 수단 방법을 가리지 않는다. 법을 어겨 가며 유흥업을 하거나 모텔 사업을 하고 미성년자를 고용해 술을 판다. 불법적인 성인 오락실을 열기도 하며 스스로 도박이나 복권에 빠져 전 재산을 잃기도 한다. 때에 따라서는 한순간 돈을 벌 수 있겠지만, 건강한 직업관이나 사업관이 아니라면 오래가지 못한다. 단박에 인생을 역전시킬 수 있는 대박을 터뜨릴 수 있다는 환상에 빠지면 높은 노동 강도와 적은 수입에 만족하여야 하는 보통의 직업에 종사하지 못한다. 쉽게 돈을 버는 데 빠졌기 때문이다. 이런 사람들은 대부분 가난에서 벗어나지 못한다. 쉽게 돈을 벌기에 흥청망청 써 버리기 일쑤이며 불법적인 수단으로 돈을 벌었다는 사실이 드러나면 교도소에 가야 한다. 전과자의 낙인이 찍혀 출소하면 사회의 냉대를 뼈저리게 경험한다. 그러다 보니 사기나 투기, 범죄의 유혹에 쉽게 넘어가서 평생 빠져나오지 못한다. 이러한 가장을 둔 가정은 자녀 역시 아버지가 걸어간 길을 따라 악순환을 반복하게 된다. 가난과 가정 폭력, 알코올에 찌든 가정에서 버티지 못하고 학업을 조기에 그만두게 되어 좋은 직업을 가질 수 있는 학력이나 자격을 갖출 수 없게 된다. 대부분 비행 청소년이 되어 일찍부터 가출해 소년원을 전전하며, 남자는 폭력 조직에 들어가 폭력배가 되거나 절도 및 사기를 배워 생활하고, 여자들은 성매매를 하거나 유흥업소를 전전하게 된다. 이런 환경에서 만난 젊은이들이 결혼을 해서 가정을 가진다고 하더라도 정상적인 가정을 꾸릴 수 있는 태도나 능력이 부족하기에 다시 또 불행한 자녀를 잉태하게 되는 것이다.

가난에 찌든 집안은 보통 과도한 빚에 시달리고, 가정 폭력이나 알코올 중독이 만연하며, 자녀 역시 제대로 된 학력이 없어 쉽게 돈 벌 수 있는 범죄의 유혹을 뿌리치기 힘들다. 결국 가난은 대물림되며 가난에서 벗어나려고 발버둥 치더라도 벗어나기 어렵다. 가난에 찌든 환경 속에 자란 자녀들은 부모가 악성 부채, 알코올 중독, 폭력, 질병 등으로 인해 이혼을 하여 결손가정이 되기 쉽고, 결손가정에서 자란 자녀들은 다시 정상적인 학력을 얻을 수 없기에 부모가 걸어간 길을 다시 걷게 되는 것이다. 이런 빈곤의 악순환은 범죄의 악순환으로 이어진다. 왜냐하면 악한 영이 쳐 놓은 덫에 걸려 있기 때문이다. 결국 가난 때문에 악성 부채, 알코올 중독이나 가정 폭력에 빠지기 쉽고, 이는 다시 범죄로 이어지는 연결 고리는 악한 영이 노리는 결과이다. 악령들은 사람들이 일단 자신들이 쳐 놓은 덫에 걸리면 절대로 쉽게 놔주지 않는다. 대를 이어 가며 집안을 지배하고 가족들을 공격하여 불행한 삶에 빠뜨린다. 대부분의 범죄자들이 그와 유사한 가정환경과 일정한 패턴을 갖고 있는 이유이다. 불행과 고통 속에서 벗어나지 못하는 그들의 삶의 모습은, 대를 물려 가며 악한 영의 손아귀에 사로잡혀 있는 가정환경 때문이다.

## 알코올 중독이 만연된 가정

　악령들은 술을 통해 공격하기를 즐긴다. 술에 취하면 이성을 잃고 마음을 통제하지 못하기에, 생각을 부추겨서 죄에 빠지게 하기가 쉽기 때문이다. 많은 범죄가 술과 연관되어 있는 것이 그 이유이다. 술에 취하면 양심에 대한 가책을 덜 느끼고 도덕적인 판단력이 흐려진다. 마음의 생각을 부추기는 귀신들의 공격이라고 모두 성공하는 것은 아니다. 마음을 잘 다스리고 절제하고 생각을 통제하는 의지력이 강한 사람이라면 아무리 생각을 부추겨도 소용없는 일이다. 이런 경우에는 술이 가장 효과적이다. 의지가 강한 사람이라도 술에 취하면 통제력을 상실하기 때문이다. 그런데 술을 특별히 좋아하는 가정이 있다. 술을 좋아하는 이력은 조상 대대로 내려오는 경향이 있다. 문제는 술 때문에 삶의 고난과 불행을 자초한다는 것이다.

　필자의 지인의 가정은 술을 무척이나 좋아한다. 그래서 온 가족이 모이면 술로 시작해서 술로 끝난다고 해도 과언이 아니다. 그렇지만 으레 그렇듯이 술에 취하면 자제력을 잃고 싸움을 벌이는 일도 적지 않다. 따로 흩어져 살다가 명절이나 경조사를 통해 오랜만에 정답게 만났지만 술에 취해 말다툼을 하다 볼썽사납게 헤어지는 일이 잦다. 그런데 이 가정의 가족사는 불행으로 점철되어 있다. 조부는 두주불사의 이력을 자랑했지만 술병으로 일찍 돌아가셨으며, 아들 네 명도 한 명만 빼고는 모두 술 때문에 사망했다. 한 명은 젊은 시절부터 술 때문에 특정한 직업이 없이 살다 이혼을 당해, 노숙자처럼 살다 알코올 중독으로 사망했다. 또 다른 형제도 농촌에서 젖소를 키우며 열심히 살았지만 일이 끝난 저녁이 되면 어김없이 술을 마시곤 했다. 그는 어느 날 술에 취한 채 집에 돌아오다 뺑소니 차량에 의해 즉사한 채로 발견되었다. 한창 행복한 가정을 이루고 살 만한 나이였다. 막내동생 역시 술에 취해 살곤 하였는데, 술 때문에 간, 위장, 콩팥 등의 장기들이 남아 있지 않아 대수술을 여러 번 하였으며, 그 후유증으로 오래 살지 못하고 병원을 전전하다 숨을 거두었다. 형제 중 한 명만 술을 끊는 결단을 했기에 술로 인한 불행에서 피할 수 있었다. 이들 가족들은 적당히 술을 마시는 것이 아니라 죽기 살기로 술을 마시는 스타일이다. 그래서 평생 동안 직업다운 직업을 갖지 못했기에 자녀들을 제대로 양육시키지 못하고 가난을 대물림하였으며, 부인과 자녀들이 고단한 삶의 수렁에 빠지게 되는 빌미를 제공했다. 이들 형제들은 어렸을 때 우애가 깊었으나, 늘 술에 찌들어 산 탓에 만나면 술에 취해 손윗사람을 몰라보고 욕설을 마다하지 않았으며, 결국 큰 싸움으로 번져 헤어지기 일쑤였다.

　가족 대부분이 술을 즐기는 가운데 이런 불행한 가족사를 지닌 가정이 적지 않다. 아무리 술을 좋아하더라도 절제하며 적당히 마시는 것은 크게 문제가 되지 않는다. 그렇지만 위에 소개한 가족사처럼 술로 인해 가족 전체가 불행에 빠지는 것은 악한 영들이 쳐 놓은 덫에 걸려 있기 때문이다. 사탄은 특히 술을 좋아해서 사족을 못 쓰는 가정을 노려 덫을 놓고 기다린다. 그래서 가족사를 훑어보면 많은 사람들이 술 때문에 불행한 삶을 살았으며 자녀에게 불행의 빌미를 주는 원인이 되고 있다. 필자는 라이프코칭 사역을 하는 관계로 알코올 중독 문제로 고통을 겪고 있는 많은 사람들의 삶을 자세히 관찰해 오고 있다. 알코올 중독자가 있는 가정은 그렇지 않은 가정에 비해 유독 알코올 중독자가 많이 발생하며, 음주로 인한 교통사고 사망, 폭력, 이혼, 악성 부채, 기타 범죄 등 술로 인해 발생하는 불행한 사건이 끊이지 않는다. 술에 대해 매우 부정적이며 술을 엄격하게 금하는 교회에서도 이러한 일이 적지 않다. 쉬쉬하며 드러내 밝히지 않아 정확한 통계는 나오지 않지만, 크리스천 중에는 여전히 술을 끊지 못하는 이들이 적지 않으며 상당한 수의 알코올 중독자가 있다. 그들은 주일이면 성실하게 교회에 나와 예배를 드리고 있지만 술의 유혹을 이기지 못하고 있다. 사탄은 술을 통해 자신이 노리는 이들을 유혹하고 불행에 빠뜨려 영혼과 생명을 사냥하고 있다. 가족 중에 알코올 중독자가 있다면 자신도 술을 통한 사탄의 공격을 받을 확률이 높다. 술 때문에 불행을 당한 가정에서 유독 희생자가 많이 나오는 것이 그 이유이다.

## 미움과 증오에 휩싸인 가정

부모 자식 간에 애틋한 사랑이 없으며, 형제자매끼리 서로 만나기만 하면 헐뜯고 싸운다. 그렇다면 그 집안 내력을 잘 살펴보아야 한다. 이런 집안 분위기가 가족 구성원 한두 사람에 해당되는 게 아니라 집안 내력이 살벌한 분위기라면, 필경 조상 대대로 내려오며 사탄의 무리가 지배하는 집임에 틀림없다.

자칭 유대인이라 하는 자들의 비방도 알거니와
실상은 유대인이 아니요 사탄의 회당이라(계 2:9)

사사건건 예수님을 비난하고 모함을 해서 십자가에 돌아가시게 한 유대인들은 초대 교회의 기독교인들을 박해하고 잡아 죽이기에 혈안이었다. 그런데 놀랍게도 예수님은 그들의 본모습이 유대인이 아니라 사탄의 무리라고 밝혀 주셨다. 대다수의 유대인들은 여기에 동조하지 않았지만, 제사장 그룹과 바리새인들 무리, 몇몇 서기관들은 예수님이 그리스도라고 하자, 미움과 증오, 시기와 질투 때문에 잠을 이루지 못할 지경이었다. 이들의 머릿속에 이러한 생각을 넣어 준 이는 다름 아닌 사탄이었다. 잠시나마 베드로의 생각을 틈타 예수님의 사역을 방해하려던 사건을 생각해 보라(막 8:32~33). 셜국 사탄의 사주를 받은 이 부류들이 예수님을 십자가에 못 박게 했던 것이다. 사탄은 사람들의 생각을 미움과 증오, 반목과 질투로 채워 놓고, 큰 싸움을 하는 것을 즐기며 살인을 저지르게 하는 것이다.

우리 주변에 미움과 증오로 가득한 가정을 찾는 것은 그리 어려운 일이 아니다. 재산상속으로 형제들끼리 비난하고 싸우다 못해 비싼 변호사 수임료를 주어 가며 소송으로 이전투구(泥田鬪狗)하는 집안은 사탄이 개입하고 있다고 보면 된다. 사사건건 시어머니가 며느리를 못살게 굴어 결국 이혼으로 치닫게 하는 집안을 잘 관찰하면, 집안이 미움과 증오로 가득한 분위기임을 쉽게 알 수 있다. 이들 가족 간에는 사소한 일에도 비난의 수위를 높이며, 만나기만 하면 질펀한 욕설에 드잡이도 마다하지 않는다. 그래서 이들은 서로 만나는 일조차 없다. 만나기만 하면 싸우고 헤어지는 일을 반복하다 보니 원수처럼 지내는 것이다. 우연히 필자가 알게 된 K 씨는 부모 형제와 서로 원수처럼 지낸다. 그래서 아예 인연을 끊고 살고 있다. 시어머니가 며느리를, 아버지가 아들을 보면 지나간 잘못에 대한 비난의 목소리를 높이는데, 아무리 가족이라도 만나고 싶은 사람이 없을 것이다. 그분에게는 누나가 둘이나 있는데 이들도 부모와 다르지 않다. 그래서 견원지간처럼 지내다가 결국 인연을 끊고 산 지 오래되었다고 한다. 그의 가족사를 들어 보면 일반 사람들은 도저히 상상할 수 없을 지경이다. 갑자기 찾아온 누나가 다짜고짜 아내의 머리채를 잡아채고 폭행을 가해 그 뒤로는 서로 만나는 일이 없다고 한다. 그 원인은 시어머니가 딸에게 전화로 퍼부은 근거 없는 비난 때문이었다고 한다. 못 본 지 오래되어 어머니가 보고 싶지 않느냐고 필자가 물어보자, 그는 손사래를 치면서 아예 그런 소리를 꺼내지도 말라고 하였다. 그동안 받은 상처가 오래되어도 치유되지 않았음이 분명하다. 그런 그도 알코올 중독자로 아내와 심하게 다투다 이혼을 당하고 폐인과 다름없이 살고 있다. 집안을 장악한 귀신은 가족 간에 미움과 증오, 반목과 질투를 넣어 주며 이간질을 시켜 큰 싸움을 하게 만들기 때문이다. 이런 가정은 보통 집에 냉기가 흐르고 가족 간에 무서운 얼굴로 대하며, 대화의 대부분을 비난으로 채운다. 악한 영은 서로 사랑하며 용

서하고 불쌍히 여기는 것을 견딜 수 없어 한다. 그래서 사람의 마음
속에 분노와 미움을 집어넣어 서로 싸우게 만든다. 이들은 서로 가족
이 된 게 악연이라고 서로를 비난하며 잘못을 전가하고 있지만, 악한
영의 개입은 까마득히 모르고 있는 실정이다. 그래서 평생 사탄의 종
노릇을 하며 불행한 삶을 이어 가고 있는 것이다.

# 6. 귀신을 어떻게 쫓아낼 것인가?

  우리 주변에는 수많은 세균들이 살고 있으며, 인정하기 싫지만 우리 몸 안에도 많이 들어가 있다. 이들은 공기와 함께 있다가 호흡을 통하여 손이나 발에 붙거나, 음식물을 통해 사람의 몸에 들어와 수많은 질병과 합병증을 일으키고 있다. 그러나 그것들의 실체는 육안으로 보이지 않고 고배율의 현미경으로 보아야 보일 정도로 극히 미세하다. 그래서 눈으로는 보이지 않지만 그들이 일으키는 각종 질병을 통해 존재감을 느끼는 것이다. 귀신들도 마찬가지이다. 며칠 전 성령께서 영음으로 들려주시기를, '귀신의 능력을 무시하지 말라'고 하셨다. 사실 귀신의 공격을 받아 보지 않은 사람들은 귀신의 능력이 얼마나 대단한지 상상하기조차 힘들다. 그렇지만 귀신들이 눈에 보이지 않기 때문에 무관심하며 살벌한 위협에도 방심하고 살아가는 것이다. 그렇지만 귀신의 공격을 받고 있거나 귀신이 몸 안에 잠입해 있는 사람이라면 심각한 위험에 처해 있음이 분명하다. 그들의 목적은 사람의 생명과 영혼을 사냥하는 것이기 때문이다. 그들을 즉각 쫓아내지 않는다면 삶이 불행해지고, 소중한 생명과 영혼이 순식간에 그들의 먹잇감이 될 게 뻔하다.


## 귀신들의 공격이나 잠복을 알아채야 한다

소위 귀신 들린 사람이라고 인정하는, 몸에 들어간 귀신에게 완전히 억압받는 사람만이 귀신으로부터 공격받는 현상을 보이는 것은 아니다. 수많은 사람들이 다양한 형태로 귀신의 공격을 받고 있다. 그러므로 귀신의 공격을 날카롭게, 그리고 신속하게 깨닫지 못한다면 인생은 불행해지고 고통스러운 삶이 될 수밖에 없다. 그렇지만 귀신의 공격을 알아채려면 영적인 눈이 있어야 가능하다. 그렇기에 과학적이거나 이성적인 현상만을 인정하는 세상 사람들은 귀신의 공격에 대해 무지할 수밖에 없다. 그러나 하나님을 믿고 영적 세계와 영적 존재를 인정하는 크리스천조차 영적 분별력을 갖지 못한 사람이 대부분이다. 영적 분별력은 하나님이 주시는 지혜의 영역에 속하기에 기도와 말씀을 통해서 얻어진다. 그렇지만 형식적이며 맹목적인 기도만 할 뿐, 하나님이 내주하시는 기도에 무지한 크리스천이라면 세상 사람들과 별반 다를 게 없다.

앞서 언급한 것처럼, 보편적이고 흔한 귀신의 공격은 기도를 못 하게 방해하는 것이다. 그들이 기도를 방해하는 목적은 다른 게 아니다. 하나님을 두려워하기 때문이다. 그러므로 성령이 내주하시는 기도는 100% 방해한다고 보면 된다. 그렇지만 성령이 내주하지 않는 상투적이고 형식적인 기도에는 그들 역시 관심조차 없다. 하나님의 능력이 임하지 않기에 두려워하지 않아도 되기 때문이다. 기도를 하지 못하게 하는 그들의 공격은 영적 지도자들에게 더욱 집중적으로 가해진다. 그들은 사람의 생각을 투명하게 읽고 있기 때문에 기도하는 사람의 영적 능력과 그 영향력에 대해 누구보다도 잘 알고 있다. 기도를 못 하게 하는 방법은, 기도에 집중하지 못하도록 하는 것이다. 기도는 평안할 때 하나님께 집중할 수 있는 것이기 때문에, 분노나 짜증, 불평, 미움, 음란, 염려, 걱정, 의심 등 부정적인 생각이 들어오면 당연히 기도에 집중할 수 없다. 그렇지만 성령이 내주하시는 깊은 기도 습관을 들인 사람만이 이들의 공격을 민감하게 눈치챌 수 있다. 부정적인 생각은 귀신의 공격이 아니라도 얼마든지 들어올 수 있다. 예를 들어, 폭력이 난무한 영화나 드라마를 보고 나서 기도를 했다면 그 장면이 어른거려 집중하기 어려울 것이다. 배우자에게 감정이 상하는 소리를 들었다면 마음에 걸려, 역시 기도에 집중하기 힘들 것이다. 그러한 경우는 대부분 귀신의 공격과는 상관이 없을 것이다. 보통의 경우는 어느 정도 시간이 지나면 그 같은 생각이 사라지게 마련이다. 그러나 귀신의 공격인 경우에는 없어지기는커녕 대부분의 경우 집요하다 할 정도로 더욱 거세진다. 예를 들어 우연히 메일로 들어온 음란물을 우연히 열어 보고 경악해서 급하게 닫은 경우라도, 평소에 음란에 취약적인 사람이라면 기도 중에 잠시 본 장면이 머릿속에 떠오를 것이며, 그 같은 장면이 상상 속에서 증폭이 되어 더욱 심화될 것이다. 귀신은 사람마다 어떤 분야에 취약한지 누구보다 잘 알고 있기에 이런 경우를 절대 놓치지 않고 공격한다. 귀신이 공격하는 경우는 일반 상황과는 달리 쉽게 머릿속에서 사라지지 않고, 대부분의 경우 증폭이 된다. 또 다른 예를 들어 보자. 배우자와 사소한 말다툼을 벌인다면 당분간은 기도에 집중하기 어려울 것이다. 그렇지만 시간이 지나가면 잊게 되어 그다지 기도에 영향력을 미치지 않게 된다. 그렇지만 이상하게 시간이 지날수록 분노가 더욱 커지는 경우가 있다. 그래서 하루 종일 분노를 삭이지 못해 씩씩거렸다면 문제가 심각해진다. 귀신이 그 같은 상황을 눈치채고 생각을 틈타 사태를 악화시키기 십상이다. 평소 같았으면 귀신이 생각을 부추기더라도 참으며 마음을 다스리며 삭였을 테지만, 하루 종일 분노에 가득 찬 상태라면 문제가 달라진다. 귀신이 생각 속에 들어와 분노를 증폭시키더라도 이를 제어할 수 없기에, 큰 싸움을 벌이다 이혼을 하게 되거나 돌이킬 수 없는 범죄를 짓는 상황으로 걷잡을 수 없이 흘러가게 되는 것이다. 그래서 사도 바울은 화가 나더라도 빨리 마음을 진정시키라고 충고하고 있다. 그렇지 않는다면 여지없이 사탄의 공격을 받게 될 것이라고 조언하고 있다(엡 4:26~27).

기도를 방해하는 귀신의 공격을 알아채려면 먼저 성령이 내주하시는 기도 습관을 들여야 한다. 그렇지만 적지 않은 크리스천들은 기도가 시작되면 자신이 원하는 기도 목록을 큰 소리로 외치는 게 고작이다. 기도는 하나님으로부터 무언가 얻고자 하는 욕망을 이루는 통로가 아니라, 하나님께 경배를 드리는 행위이다. 그러므로 성령의 임재를 간절히 찾고 부르며, 기도를 듣는 대상인 하나님이 내 안에 들어와 기도를 듣는 상태가 먼저 이루어져야하며, 그다음에 하나님을 찬양하고 감사하고 영광을 돌리는 내용으로 채워야 한다. 그래서 하나님이 기뻐하시는 기도를 하게 된다면 당연히 우리의 마음과 생각을 환히 읽고 계시는 하나님께서 우리의 필요나 요구 사항을 안 들어주실 리가 없다. 의인의 기도는 역사하는 힘이 강하다고 야고보 사도가 말한 이유이다. 의인이란 하나님이 기뻐하시는 뜻을 좇아 사는 자녀를 말하기 때문이다. 그러므로 성령이 내주하시는 기도 습관을 들이게 되면 성령이 인도하시는 기도에 집중력을 기울이게 되는 것이다. 하나님이 우리 안에 임재하셔서 능력을 주시는 것을 두려워하는 귀신들은, 필사적으로 성령이 내주하시는 기도를 방해하게 된다. 그러므로 기도 중에 잡념이 들거나 여러 가지 부정적인 생각으로 집중이 되지 않는다면 강력하게 대적기도를 하거나 성령께 마음과 생각을 지켜 달라는 기도를 다급하게 요청해야 한다.

생각을 틈타 기도를 방해하는 귀신들의 공격은 모든 교인들에게 행해지며 특히 성령이 내주하시는 기도를 습관으로 들인 크리스천에게 집중이 된다. 그러므로 성령이 내주하시는 기도가 없는 크리스천이라면 이들의 공격에 무지하며 속수무책으로 당할 수밖에 없다. 그러므로 이들의 공격을 알아채려면 먼저 성령이 내주하는 기도 습관을 들여야 하는 일이 먼저이다. 그렇지만 귀신이 사람의 몸에 은밀하게 들어가 잠복하는 상황을 알아채는 일은 쉬운 게 아니다. 앞서 언급했지만, 그 같은 능력은 분별력을 가진 소수의 영적 능력자에게나 가능한 일이다. 영적 분별력은 성령 하나님이 주시는 능력으로, 깨달음이나 영음 혹은 환상, 꿈 등 다양한 통로를 통해 악령의 존재와 공격 상황을 알게 해 주신다. 귀신의 잠복에 대해서는 앞장에서 상세하게 언급했기 때문에 그곳을 참조하면 될 것이다.


## 귀신축출 능력을 길러라

귀신축출을 대단한 영적 능력을 지닌 이들의 특별한 행위로 생각하기 쉽다. 그도 그럴 것이, 귀신을 축출할 수 있는 이들이 극히 소수이기 때문이다. 얼마 전에 필자가 사는 대전에 어느 목사가 귀신을 쫓아낸다는 소문이 파다하게 퍼졌다. 그런지만 이러한 영적 능력은 소문이 날 정도로 대단한 게 아니다. 귀신을 쫓아내는 능력은 모든 크리스천이 갖고 있어야 하는 기본적인 능력이 아닌가? 예수님은 겨자씨만 한 믿음만 있으면 놀라운 영적 능력을 소유할 수 있다고 말씀하셨다. 그렇지만 아쉽게도 우리네 크리스천은 그런 능력이 없다. 그래서 성경에 적힌 수많은 약속들이 사문화(死文化)될 위기에 처해 있다.

그러나 내가 하나님의 성령을 힘입어 귀신을 쫓아내는 것이면
하나님의 나라가 이미 너희에게 임하였느니라(마 12:28)

예수님은 귀신을 쫓아내는 능력이 성령에 있으며, 성령이 우리와 함께하신다면 능히 해낼 수 있다고 말씀하셨다. 그렇다면 우리네 크리스천이 귀신을 쫓아내지 못하는 작금의 현실은 성령이 내주하는 기도를 못하기 때문이다. 성령이 내주하는 기도는 그냥 기도와는 다르다. 우리네 교회는 적지 않은 기도회를 많이 갖고 있지만, 교인들에게 성령이 내주하는 기도를 훈련시키는 곳은 거의 없다. 능력 있는 기도에 무지한 이유이다. 성령이 내주하는 기도는 그리 어렵지 않다. 성령이 내주할 때까지 그분을 간절히 사모하며 찾고 부르면 된다(렘 29:13). 그렇지만 우리는 성령이 내주할 때까지 그분을 간절히 찾고 기다리는 법을 모르며, 또한 하나님이 기뻐하시는 기도에 대해서도 무지하다. 기도의 목적은 자신이 소원하는 목록을 외쳐 부르는 행위가 아니라 하나님께 경배하는 것이다. 즉 기도란 찬양과 감사, 회개와 영광을 돌리는 내용이 주가 되어야 한다. 그렇지만 안타깝게도 하나님을 사모하며 간절히 기다리는 법을 배우지 못하고, 찬양하며 감사하는 내용으로 채우지 못하기 때문에 성령이 임재하지 않는 것이다. 어쨌든 성령이 내주하시는 기도만 할 수 있다면 누구나 귀신을 쫓아낼 수 있다. 성령이 내주하는 기도를 할 수 있게 되더라도 그 능력은 모두 같을 수는 없다. 필자는 최근 제자 중 한 명에게 귀신축출 능력을 훈련시키고 있다. 그가 예전에는 귀신의 공격으로 고통받았지만 필자 부부의 축출기도를 통해 귀신이 쫓겨 나간 후, 필자의 교회에 나와 성령이 내주하시는 기도훈련을 받아 지금은 축출 능력을 갖고 있다. 그렇지만 기도훈련을 한 지 얼마 되지 않아서 아직 부족하다. 그래서 필자 부부가 10분이면 모두 쫓아내는 경우를 3시간 정도 해야 겨우 쫓아내곤 한다. 그러나 성령이 내주하시는 기도훈련을 계속하면서 능력을 성장시킨다면 필자와 같은 수준에 오를 것을 믿어 의심하지 않는다.

　귀신을 축출하는 영적 능력은 기도만으로 되는 것은 아니다. 성경 말씀을 빼곡하게 머릿속에 집어넣고 묵상하는 시간이 필요하다. 왜냐하면 성경 말씀이 곧 하나님이시며, 하나님은 말씀으로 자신의 존재감을 드러내기 때문이다. 그러므로 성령이 내주하시는 기도를 하는 것만으로 축출 능력이 탁월해지는 것이 아니다. 끊임없이 성경을 읽고 묵상하는 습관을 들여야 한다. 실제로 귀신이 잠복한 사람들도 성령이 내주하시는 기도는 물론이고, 성경을 읽기만 해도 스멀스멀 기어 나가는 경우도 흔하다. 성경 말씀이 곧 하나님이시기 때문이다. 이처럼 말씀과 기도는 귀신축출 능력을 얻는 통로만이 아니다. 이는 하나님을 만나는 유일한 통로이다. 그래서 하나님이 우리와 함께하시면 성경에 약속한 모든 영적 능력을 얻을 수 있다. 기도 응답이나 다양한 은사도 함께 온다. 그렇지만 기도와 말씀으로 무장하지 않는다면 악한 영들과 싸워 이길 수 없다. 그들은 천사와 동급의 영적 능력을 지니고 있기에, 우리 역시 성령이 내주하셔서 우리 대신 싸워야 그들을 능히 이길 수 있는 것이다.

## 축출기도로 즉각 쫓아내라

대부분의 사람들이 귀신 들린 사람에게 기도를 시작하면 낭패를 맛본다. 평상시에 기도에 관한 한 상당한 능력이 있다고 자부하는 사람이라면 실망과 당혹감에 의한 충격은 말할 수 없이 크다. 그래서 기도의 능력이 있다고 하는 사람들도 귀신축출 요청을 거절한다. 필자가 알고 지내는 기도원 원장이 있다. 그분은 아주 오래전에 삼각산으로 산 기도를 10여 년 다녔던 것을 큰 자부심으로 여긴다. 지금은 서울시에서 기도를 목적으로 한 삼각산 출입을 금지하여 들어가지 못하지만, 예전에는 한쪽 골짜기에서는 무속인들이 꽹과리를 두들기며 굿을 하고 다른 쪽에서는 큰 능력을 받으려는 크리스천들의 기도 소리가 기묘하게 들려 웃지 못할 진풍경이 일어났던 곳이기도 하다. 그 원장님은 당시에 놀랄 만한 영적 능력을 얻었던 모양이다. 귀신을 쫓아내는 것은 물론 귀신들이 주변에 배회하는 것을 목격하거나 심지어는 머리채를 잡아당겼다고 할 정도이다. 또한 지금의 기도원도 오래되어 방치되었던 교회 수련원을 값싸게 구입했던 터라, 처음에는 기괴하고 흉물스러웠다고 한다. 너무 무서워 사람들이 밤에 기도하는 것을 꺼려 하였고, 처음에는 귀신들이 기도를 못 하게 시끄럽게 굴기도 했다고 한다. 그렇지만 담대함과 영적 능력으로 꿈쩍도 하지 않았다면서 무용담을 전하기도 했다. 그런 분도 지금은 귀신 들린 사람을 데려가서 함께 기도하자고 하면 꽁무니를 뺀다. 예전에는 놀라운 영적 능력이 있었지만, 지금은 하나님과 동행하는 기도를 게을리한 탓에 축출기도에 두려움을 느끼는 모양이다. 물론 필자도 처음에는 왜 기도 요청을 거부하는지 몰랐다. 그렇지만 나중에 성령님이 영음으로, 한때는 그분이 기도하는 종이었지만 지금은 기도의 열정이 많이 식었으며, 처음에는 성령으로 시작했지만 지금은 말씀이 막혀 있어 실의에 빠져 있다고 하셨다. 이 사건을 통해, 과거에 왕성한 성령 충만으로 영적 능력이 출중하였더라도 항상 성령이 내주하시는 기도를 소홀히 해서는 안 된다는 교훈을 얻었다.

귀신을 쫓아내는 대적기도는 기도가 유창하다고 효과가 있는 게 아니다. 평소에 성령이 내주하시는 기도의 습관을 들이고, 성경을 늘 읽고 묵상하여 말씀이 머릿속에 빼곡하게 자리 잡고 있으면 영적 능력을 보유하게 된다. 대적기도는 예수님의 이름으로 명령하든가, 예수님의 보혈이나 십자가의 보혈에 의지하는 기도를 하면 된다. 어떤 이들은 특별한 대적기도가 있는 것처럼 말하기도 하지만, 필자가 경험한 바로는 이 세 가지 중에 한 가지만 말해도 귀신은 즉각 반응을 한다. 능력 있는 대적기도를 할 수 있는지 없는지는 평소에 성령이 내주하시는 기도를 통해 하나님과 동행하는 삶을 유지하는지에 달려 있다. 그런 사람이라면 누구나 귀신을 쫓아내는 능력 있는 기도를 할 수 있다. 역설적으로, 귀신을 쫓아내는 기도를 할 수 없다면 성령이 내주하는 기도를 하지 못하기 때문이라고 말할 수 있다. "하나님의 나라는 말에 있는 것이 아니라 능력에 있다(고전 4:20)"는 바울의 말을 곱씹어 보라. 적지 않은 우리나라의 교회 지도자들의 현재의 모습이 아닌가? 물론 필자의 말을 거세게 반박하고 싶겠지만, 이는 필자 개인의 견해가 아니라 성경 말씀에 의한 기준이다.

필자가 귀신을 쫓아내는 순서는 다음과 같다. 먼저 귀신이 잠복하여 공격하고 있는 사람이라는 증거가 있어야 한다. 필자를 찾아오는 사람들은 귀신이 잠복하여 공격하고 있다는 증거를 많이 갖고 있어, 특별한 분별력이 필요한 경우는 그리 많지 않았다. 설령 귀신의 공격인지 아닌지 잘 모르겠을 때는, 대적기도를 해 보면 알 수 있다. 대적기도는 귀신들에게 평정심을 잃게 하고 두려움이 들게 하여 격렬한 반응과 함께 쫓겨 나온다. 그렇지만 대적기도에도 불구하고 정확한 원인을 알 수 없다면 기도를 통해 성령님께 요청을 하곤 한다. 귀신이 잠복하여 공격하는 사람들의 특징은 여러 가지이다. 그중 어떤 사람들은 필자와 대화를 하는 동안에도 침을 지속적으로 뱉거나 연신 하품을 해 댔다. 그 이유는 귀신이 필자 안에 거하시는 성령의 존재감을 느끼고 두려워하여 성대나 기도를 자극하기 때문이다. 어떤 사람들은 이미 귀신이 영음으로 주는 음성이나 기괴한 능력을 경험하였기 때문에 금방 알아챌 수 있다. 정신분열증 증세를 보이며 제정신이 아닌 사람이라도 귀신 들린 사람이라는 증거가 나타나기에 이를 유심히 살펴보면 알 수 있다. 이런 사람들에게 귀신의 잠복과 공격의 특징을 자세히 설명하며 축출기도의 필요성을 말해 동의를 얻어야 한다. 필자를 찾아오는 사람들은 크리스천이었기 때문에 대부분 동의를 했고 그 즉시 축출기도를 시작해서 쫓아냈다. 그렇지만 본인이 아니라 가족이나 친지 중에 그런 사람이 있어서 찾아오는 사람은 문제가 달라진다. 그런 사람은 크리스천이 아니거나 그냥 건성으로 교회에 다닐 확률이 높다. 본인이 축출기도를 거절하면 의미가 없다. 억지로 한다 해도 효과를 장담할 수 없다. 필자는 지금까지 크리스천이 아닌 사람에게 축출기도를 행하거나 본인이 거부한 경우는 없었기에 장담할 수 없지만, 이러한 행위는 성령의 능력을 의지하기 때문에 믿음이 없거나 반신반의하는 사람이라면 효과가 없을 것이 분명하다. 가족 중에 귀신축출을 원하는 사람이 있다면, 요청하는 사람에게 먼저 성령이 내주하는 기도훈련부터 시킨다. 그래서 능력 있는 기도를 할 수 있게 된다면, 성령님이 귀신축출을 원하는 사람의 마음을 변화시켜 믿음을 갖게 하고 기꺼이 동의하게끔 만든다. 그런 다음 축출기도를 시도해서 쫓아 버리는 것이다.

축출되는 시간은 축출하는 사람의 영적 능력과 더불어 축출되는 귀신들의 양과 질에 달려있다. 귀신은 한 마리가 있는 경우도 있지만, 대부분의 경우 여러 마리가 함께 잠복해 있다. 흔한 일은 아니지만 수백 마리 이상 잠복한 경우도 있다. 앞서 언급했지만, 귀신도 영적 인격체이기 때문에 다양한 개성을 지니고 있으며 그들의 영적 능력 역시 다양하다. 그들은 사람들을 불행에 빠뜨리게 하여 영혼과 생명을 사냥하는 것이 공통적인 목적이지만 공격 형태는 다양하다. 대부분은 생각을 부추겨서 악한 생각을 갖게 만든다. 분노와 증오를 일으켜 큰 싸움을 하게 하거나, 음란한 생각을 부추겨 불륜을 저지르고 이혼을 하게 만든다. 또한 과소비나 충동구매로 악성 부채에 시달리게 하며, 낙심, 슬픔, 불면증, 우울증을 일으켜 자살 충동에 이르게 한다. 이 과정에서 알코올에 빠져 판단 능력을 잃게 하고, 자신의 존재감이나 공격 형태를 속이는 것은 공통적이다. 그 결과로 정신과 육체를 억압하고 사로잡아 생명과 영혼을 사냥하고 폐인으로 만드는 것에 그 목적이 있다. 필자가 '대장 귀신'이라 부르는 센 귀신은 다른 약한 귀신과 영적 능력이 남달라, 간단한 대적기도로는 꿈쩍도 하지 않고 오랜 시간 치열한 기도를 해야 비로소 반응을 보이며 쫓겨 나간다. 그래서 성령이 내주하시는 기도의 문을 열고 난 후에도 끊임없이 성령과 깊고 친밀하게 교제하며, 성경 말씀을 읽고 묵상함으로 빼곡하게 머리에 집어넣어, 하나님으로부터 강력한 기도 능력을 받아 영적 능력을 업그레이드 시켜야만 빠른 시간 내에 능력이 센 귀신을 쫓아낼 수 있다. 이 정도의 수준에 오르려면 경험과 지식이 풍부하고 숙련된 축출 사역자들과 함께 연합하여 배우는 수련 시간이 있으면 더욱 좋다. 그렇지만 안타깝게도 우리 주변에서는 제대로 된 귀신축출 사역자들을 만나 보기도 어려운 것이 현실이다. 그렇지만 벌써부터 실망할 필요는 없다. 필자도 누군가에게 배운 사실이 없다. 꾸준한 기도와 말씀으로 성령으로부터 영적 능력을 얻은 것이 전부이다. 그렇지만 초창기의 축출 현장에서는 적지 않은 시행착오를 겪었다. 귀신은 속이는 데 명수지만 그를 간과했던 탓이다. 그러므로 축출 능력을 얻고 기르고자 할 때, 이 분야의 경험과 지식이 풍부한 사역자로부터 배운다면 빠른 시간 내에 탁월한 축출 능력을 얻을 수 있다.

**귀신의 공격 형태에 맞추어 쫓아내라**

대부분의 경우 귀신 들린 사실은, 몸 안에 붙은 귀신이 스스로 자신의 존재감을 드러내야 알게 된다. 필자 역시 사람의 몸에 들어간 귀신의 공격을 관찰해서 쫓아내곤 했다. 그렇지만 축출 사역을 진행하는 동안 성령의 도우심으로, 귀신의 공격은 생각했던 것보다 훨씬 더 다양하고 치밀하다는 것을 깨닫게 되었다. 그러므로 이들의 공격 형태에 맞추어 축출 방식을 맞춤형으로 취해야 효율적으로 막아 낼 수 있다. 그렇지 않다면 우리는 아주 소수의 귀신들만 쫓아낼 수 있을 것이며, 그것도 오랫동안 공격에 시달려 만신창이에 가깝게 되어서야 비로소 알게 될 것이다. 그렇지만 너무 늦게 알았다면 인생 등록금을 과도하게 치르게 된다. 그러므로 귀신의 다양한 공격에 대한 탁월한 분별력을 갖춘다면 훨씬 더 효과적으로 축출 사역을 감당할 수 있게 될 것이다.

## 생각 속에 들어와 공격하는 귀신

이 같은 귀신의 공격 방식은 매우 일반적이고 흔한 일이지만 가장 많이 당하고 있는 것도 사실이다. 이들은 성령과 오랫동안 깊고 친밀하게 교제하는 사람이나, 하나님을 알지 못하는 세상 사람이나 구분하지 않는다. 생각 속에 들어와 악한 생각을 부추기며 공격하는 유형의 방식은 첫 단계이지만 자칫하면 한 방에 갈 수 있는 공격 방식이다. 몸에 들어와 붙어 있거나 집안을 배회하며 공격하는 방식은 성령이 충만한 사람이라면 가능하지 않지만, 단지 생각을 틈을 타서 공격하는 것은 성령 충만 여부에 상관없이 이루어지는 일이기 때문에 늘 경계하고 조심해야 한다. 그래서 성경에서는 이들이 틈을 타지 않도록 성령 안에서 깨어서 기도하라고 권면하고 있다. 특히 하나님이 사용하시는 종이나 제자라면 귀신들의 주요한 공격 대상 리스트에 올라 있다. 그러므로 항상 조심하고 경계하며 이들이 등 뒤에서 지켜보고 있음을 잊지 말고, 공격의 빌미를 제공하지 말아야 한다.

성령이 내주하시는 기도를 하는 사람이라면 기도를 방해하는 귀신들의 공격에 대해 아주 잘 알고 있을 것이다. 기도를 방해하는 것은 잡념이 들게 하거나 악한 생각을 부추기며 기도에 집중하지 못하게 하는 것이다. 귀신들이 이들의 기도를 필사적으로 방해하는 것은, 성령의 능력 앞에서는 아무런 힘도 발휘할 수 없으므로 이를 사전에 차단하려는 것이 목적이다. 그러므로 성령에 몰입하는 기도를 방해하는 잡념이나 부정적인 생각, 미움이나 분노 등의 격정적인 감정을 누그러뜨리지 못하고 있다면 강하게 축출기도를 시도해야 한다. 평상시에 침묵 기도를 하고 있더라도 귀신축출기도는 통성으로 해야 효율적이다. 물론 침묵으로 한다고 효력이 반감되는 것은 아니다. 축출기도는 강력하게 기도하는 태도가 아주 중요하다. 한 번 기도했다고 잡념이나 악한 감정이 쉽사리 사라지는 것은 아닐 것이다. 축출기도의 원칙은 이들이 완전히 사라질 때까지 끊임없이 하는 것이다. 물론 처음에는 잘 사라지지도 않고 힘도 들 것이다. 그렇지만 여러 번 해 보면 조금씩 나아지는 모습도 보게 된다. 축출기도는 믿음이 아주 중요하므로 성령의 능력에 완전히 의지하여 기도하는 자세를 항상 견지해야 한다.

　귀신들의 공격의 특징은 아주 집요하여 포기할 줄 모른다는 것이다. 그래서 축출기도를 통해 잡념이나 부추기는 생각이 사라졌다고 하더라도, 환경이 조성되고 공격의 빌미가 있다면 언제 어디서나 갑자기 나타나 공격한다. 필자의 경우도 이들의 공격을 항상 받고 있다. 성령이 내주하시는 기도를 오래 해 왔고 성령이 주시는 영적 능력과 은사를 받고 있음에도 이들이 포기하는 것은 아니다. 하나님이 사용하시는 종이나 제자의 신분이라면 더 센 귀신들이나 사탄이 직접 공격하는 대상이 되므로 더욱 각별한 경계를 늦추지 말아야 한다. 필자의 경우는 기도를 방해하는 공격이 대부분이다. 기도할 때 생각 속에 잡념을 넣어 줄 때도 있지만, 주변 사람들을 통해 격한 감정이 일어나 기도를 못 하게 하는 등 다양한 공격 방식을 취하고 있다. 이때 주변 사람들이란 친한 식구들, 특히 영향력을 끼치는 배우자나 부모 등이 되기 쉽다. 그 외에도 이웃이나 친구, 동료, 교인 등 가리지 않고 이들을 통해 교묘하게 공격한다. 이때 귀신들이 이용하는 사람들의 공통점은 믿음이 부족하거나 믿음이 없다는 점이다.

　생각을 틈타 공격하는 방식은, 미움이나 분노를 부추겨 큰 싸움을 벌이게 하거나 급기야 폭력, 심지어는 살인을 유발하기도 한다. 충동적으로 벌어지는 폭력이나 살인의 배후에는 귀신들의 부추김이 있다. 그러므로 격한 분노가 일어나면 급히 그 자리를 벗어나거나 분노를 일으키는 사람과의 맞상대를 피함으로써 생각을 부추기는 공격을 피해야 한다. 이러한 다툼 중에 부부 싸움이 가장 피하기 힘든 유형이다. 배우자에 대한 분노가 치밀어 오르면 상대하지 말고 자리를 급히 피해 성령님께 마음과 생각을 지켜 달라는 기도를 강하게 해야 귀신들의 공격을 미연에 방지할 수 있다. 실망이나 좌절, 슬픔, 자기 연민 등의 부정적인 생각을 부추겨 우울증이나 불면증, 자살 충동을 일으키는 것도 이들 공격의 흔한 유형이다. 그러므로 이러한 생각이 들면 강력하게 성령께 도움을 요청하는 기도를 하거나 축출기도를 해야 한다. 이러한 사람 중에는 술에 의지하는 알코올 중독자가 흔한데, 술에 취하면 마음을 통제할 수 없으며 기도도 할 수 없기에 귀신들에게 속수무책으로 당하기 십상이다. 악성 부채에 시달리거나 실직이나 이혼, 투자나 사업의 실패 등으로 불안과 공포, 염려와 걱정 등을 시도 때도 없이 겪는 사람들도 귀신들의 공격의 주요한 대상이 된다. 이런 부정적인 생각들은 파괴력이 상당해서 기도해도 나아지지 않고, 사라졌어도 금세 마음속에 들어와 자리 잡고 있다. 세상 사람들은 말할 것도 없고 크리스천 중에도 이러한 유형의 사람들이 적지 않다. 한마디로, 이런 사람들은 믿음이 없거나 연약하기 때문이다. 이들을 몰아내는 것도 강력한 축출기도와 함께 성령님의 도우심을 간절하게 요청해야 한다. 증세가 심하면 부정적인 생각이 들 때마다 하루에 수십 번이라도 기도해서 쫓아내야 한다.

## 집안을 지배하며 가족들을 공격하는 귀신

필자에게 성령께서 직접 알려 주시지 않았던 때에는, 귀신이 잠입하여 영음으로 지시하고 정신과 육체를 장악하여 거의 폐인이 될 지경에 빠진 사람의 경우에만 귀신의 공격임을 알았었다. 그렇지만 예언의 은사를 받아 성령께 악한 영의 실체와 공격을 세밀하게 듣게 되면서 필자는 귀신의 공격에 대해 아주 자세히 깨닫게 되었다. 특히 가정을 지배하면서 가족들을 공격하는 귀신들의 실체에 대해 알게 된 사실은 충격적이었다. 이들 귀신의 축출 방식은 몸에 들어간 귀신들과는 다르다. 앞서 언급한 대로, 조상 대대로 집안을 지배하고 배회하며 가족들을 공격하는 귀신들이 있는 가정은, 가족 구성원들 사이에 따뜻한 사랑이 사라진 자리에 미움과 증오가 팽배해 있다. 그래서 싸움과 폭력이 난무하며, 술에 찌들어 살거나 각종 불행한 사건이 끊이지 않고 가난에 허덕인다는 것이 다른 가정과 다른 점이다. 물론 이런 가정이라고 해서 모든 귀신이 지배하고 공격하는 집은 아닐 것이다. 그렇지만 이런 가정들은 귀신의 공격을 당하고 있는 확률이 높다는 것이다. 귀신의 공격에 의한 것인지 아닌지는 성령께서 들려주시는 영음에 의해서 알게 되거나, 그들이 남기는 독특한 증거가 지속적으로 발견될 때에 비로소 깨닫게 된다.

대대로 집안을 지배하고 배회하며 가족들을 공격하는 귀신들은 가족 구성원 몸 안에 잠입하고 있는 경우도 있고, 그렇지 않은 경우도 있다. 첫 번째 경우는 A 집사의 가정에서 살펴볼 수 있다. 앞서 언급한 것처럼 A 집사의 몸 안에는 수많은 귀신들이 잠복해 있었지만 성령이 내주하시는 기도를 할 때까지 그 사실을 알 수 없었다. 그동안 그들은 은밀하게 잠복해서 생각을 통해 공격하고 있었다. A 집사는 자신 안에 분노와 교만이 가득 차 있어 틈만 나면 분노를 폭발시키고, 욕설을 뱉고, 자신의 맘에 들지 않는 사람들을 쉽게 무시하고 경멸하며 지냈지만 그 원인은 자신 안에 잠복하고 있는 귀신들의 공격이었다. 이 같은 성향은 A 집사뿐 아니라 그의 부모에게서도 나타났다. 그의 아버지는 술에 취해 있으면서 가족들을 보면 사소한 일에도 화를 폭발시키고 욕설을 뱉어 내곤 하였다. 그의 어머니 역시 아버지 못지않게 사납고 칼칼한 성품을 가졌었다. 이 같은 상황은 K 자매님의 집안과 흡사하다. K 자매님은 중학교 시절부터 정신질환 증세를 보이면서 친구들로부터 왕따를 당해 병세가 악화되었고, 지금은 심각한 우울증, 갑상선 비대증 등 복합적인 질병을 갖고 병원에 입원 중이다. 이 자매님은 귀신이 공격할 때 나타나는 독특한 현상들을 겪고 있는 것으로 보아 귀신이 잠복해 있음이 틀림없다. 그렇지만 문제는 K 자매님뿐 아니라 그 어머니가 오랫동안 귀신의 공격을 받아 왔다는 점이다. 그녀의 어머니의 성품은 증오와 미움으로 가득 차 있다. 성령은 이 가정에 사탄의 무리가 있다고 말씀하셨다. 그녀의 어머니의 친정 부모들도 이와 흡사한 냉혹한 성품을 갖고 있는 것으로 보아, K 자매님의 외갓집을 지배하던 귀신들이 자연스럽게 K 자매님의 어머니를 따라와서 그 가정을 배회하며 공격하고, 심지어는 K 자매님의 몸속에 잠입해서 공격하는 상황이 된 것이다.

이 같은 가정은 오랜 시간 동안 전략을 가지고 귀신들을 쫓아내야 한다. 이 가정의 먼저 믿은 사람들을 주축으로 해서 성령이 내주하시는 기도를 훈련시키고, 능력 있는 기도를 통해 귀신들의 공격을 무력화시키고 쫓아내야 한다. A 집사의 경우를 보자. 필자 부부는 2주 동안 매일 저녁 30분씩 대적기도로서 그 안에 들어가 있는 귀신을 쫓아내었다. 그의 몸 안에는 수백 마리가 넘는 귀신들이 우글댔었지만, 지금은 성령이 내주하는 기도훈련을 하고 있는 중이다. 앞으로 그를 필자의 동역자로 축출 사역에 동참시킬 예정이다. 그에게 앞으로 남은 과제는, 그의 부모의 집을 지배하며 공격하는 귀신들을 능력 있는 기도로 완전히 쫓아내는 것이다. K 자매님의 경우는 그녀에게 들어간 귀신을 쫓아내기 전에, 집안을 지배하는 귀신들을 무력화시키는 것이 중요하다. 그렇지만 그녀의 아버지를 제외하고는 믿음이 없다. 그래서 그녀의 아버지를 필자의 기도훈련 모임에 동참시켜 성령이 내주하시는 기도훈련을 시키고 있다. 그런 다음 강력한 기도로써 K 자매님의 어머니가 예수님을 받아들이고 마음을 변화시키도록 해야 한다. 마지막으로 딸에게 들어간 귀신을 쫓아내고 질병을 치유해야 한다. 현재 K 자매님의 아버지는 성령이 내주하시는 기도의 수준에 올라왔다. K 자매님의 어머니도 마음이 많이 변화되어 온유해졌고, K 자매님도 병이 급속도로 회복중이며 최근에는 성경을 읽고 암송하고 있다면서 그 아버지가 놀라워했다. 오래지 않아 그 딸에게 들어간 귀신도 완전히 쫓겨나고 질병에서 회복될 것이다. K 자매님의 어머니가 믿음을 받아들이고 성령이 내주하는 기도를 할 수 있게 된다면, 그녀의 친정을 지배하고 있는 귀신도 곧 쫓겨날 것이며 평화와 사랑이 다시 찾아올 것이다.

　두 번째 경우로, 사람의 몸에 잠입하지 않았지만 오랫동안 집안을 지배하며 가족들을 공격하고 있는 귀신들이다. 이 같은 종류의 문제 해결은 성령이 내주하는 기도의 습관을 들이는 것이 중요하다. O 집사의 경우가 그러한 예이다. 앞서 언급한 대로, O 집사가 어린 나이에 시집온 가정은 그야말로 암울하기 짝이 없었다. 남편의 월급은 밀린 외상을 갚기에 바빴고 평생 빚에서 벗어나지 못했다. 아무리 열심히 일해도 가난에서 벗어나지 못했으며, 툭하면 터지는 불행한 사건은 가느다란 희망마저 짓밟았다. 남편은 본의 아니게 교도소를 두 번이나 갔다 와야 했고, 아들 역시 폭행 사건에 휘말려 전과자가 되었다. 하는 사업마다 망해 빚더미에 오른 그녀의 삶은 불행의 악순환이었다. 칠십을 넘어선 남편과 육십 중반의 O 집사는 갖가지 성인병에 시달리고 있다. 필자의 기도 모임을 찾아왔을 때, 성령이 그녀의 가정을 혼잡하게 하는 귀신이 있다고 말씀하셨기에, 필자는 이 귀신들이 어떤 형태로 공격하는지 궁금해졌다. 혹시나 귀신이 O 집사의 몸에 잠복하고 있는지 알아내고자 축출기도를 해 보았지만 귀신의 흔적을 발견하지 못했다. O 집사의 경우는 귀신이 몸에 들어가 잠복하고 있지는 않지만, 집안을 지배하고 배회하며 가족들을 공격하고 있는 형태이다. 그래서 성령은 귀신을 쫓아내라는 지시를 하지 않고, 성령으로 다시 태어나 능력 있는 기도로써 집안의 귀신들을 몰아내라고 명령하셨다. 기도 모임은 매일 밤, 30분간 필자의 성경 말씀 후에 약 1시간의 기도 시간으로 진행된다. 이제 O 집사가 기도 모임에 참석한

지 2달쯤 되었다. 처음에는 말씀이나 기도에 집중하지 못하였지만 지금은 깊은 기도에 몰입하는 수준까지 올랐다. 정신적으로 혼미해서 사소한 일에도 집중을 하지 못하며 틈만 나면 잠이 쏟아지는 현상도 말끔히 사라졌다. 성령이 내주하는 기도의 수준에 올라 능력 있는 기도를 하게 되면 그동안 집안을 지배하고 혼잡케 했던 귀신들은 스스로 떠날 수밖에 없을 것이다. O 집사의 경우는 몸에 잠입한 귀신은 없었지만 오랫동안 가정을 배회하며 가족들을 공격해 왔던 유형이다. 이 같은 형태의 공격은 가족들이 성령이 내주하는 기도 습관을 익혀 성령으로 무장함으로 귀신들이 틈을 타지 못하게 해야 한다.

## 몸에 붙어서 정신과 몸을 억압하고 있는 귀신

귀신들이 몸에 들어가 잠복하며 생명과 영혼을 사냥하는 모습은 사람들이 가장 흔하게 알고 있는 귀신의 공격 유형이지만, 사실상 위에서 소개한 귀신의 공격 형태들에 비해 가장 드물게 나타난다. 몸에 잠복하여 공격하는 귀신은 일반적으로 정신적인 문제를 일으킨다. 뇌를 공격하고 생각을 부추겨서 발생하는 우울증, 불면증, 공황장애, 자살 충동 등이 일반적이며, 심하면 정신분열 증세도 보인다. 또한 몸에 들러붙어 다양한 질병을 일으키고 있다. 병원에 가서 오랫동안 치료를 해도 효과를 보지 못하는 질병이라면 그들의 공격일 확률이 높다. 필자가 목격한 바로는 기관지에 붙어 천식을 유발하거나, 머리에 붙어 끊임없는 두통을 일으키고, 다리에 붙어 퇴행성관절염을 비롯한 여러 통증을 일으키고 있었다. 몸의 어느 곳이든지 붙어 있기에 갖가지 통증의 원인이 된다. 성령께서 영음으로 말씀해 주시기를, 쇠약하게 하며 몸살 나게 하는 악한 영이라고 설명해 주시기도 하셨다. 그렇지만 가장 심각한 질병은 정신질환을 일으키는 것이다. 그러므로 몸에 붙어 있는 귀신이라면 즉각 축출기도로서 쫓아 버리는 것이 상책이다.

몸에 잠복해 있는 귀신들은 다양한 개성을 지닌 인격체이기에 갖가지 유형의 문제를 유발하지만, 축출기도로써 성령의 힘이 발휘되면 격렬한 반응을 보이는 것이 공통점이다. 보통 필자에게 찾아온 사람들에게 잠복해 있는 귀신들은 갖가지 기행으로 자신의 존재감을 드러냈다. 나쁜 생각을 부추기고 영음으로 사람에게 사악한 일을 지시하거나, 기적적인 능력으로 몸을 움직이게 하기도 하였다. 그중에서도 갖가지 정신질환을 동반한 경우가 가장 많았다. 일반 정신질환 환자와는 달리, 귀신이 잠복해서 정신적인 문제를 일으킨 경우에는 침을 지속적으로 내뱉거나 끊임없이 하품을 하는 것이 특징이다. 이 같은 경우는 귀신들이 성대를 자극해서 타액이 나오게 하거나 하품을 하도록 유발하는 것처럼 보이기도 하지만, 귀신들이 나갈 때는 보통 입을 통해 나가는 것이 원인이다. 몸의 각 부분에 흩어져 붙어 있는 귀신들이라도, 나갈 때는 보통 입을 통해 나간다. 귀신의 존재를 민감하게 느끼는 사람은, 귀신이 들어와 붙어 있는 현상과 축출기도를 시작했을 때 즉각 입 쪽으로 움직이는 현상의 느낌에 의해 입으로 나가는 것을 알게 된다. 입으로 나갈 때는 보통 많은 타액의 분비와 더불어 격렬한 기침을 동반하는 것이 일반적이다. 작은 힘을 가진 귀신들이 나갈 때는 작은 소리를 동반하지만, 힘이 센 귀신이 나갈 때는 배가 끊어질 정도의 큰 기침이 나고, 엄청나게 센 귀신이 나갈 때 몸에서 느끼는 저항은 정말 대단하다. 많은 귀신들이 한꺼번에 빠져나가는 소리는 기관총 소리를 연상케 할 정도로 엄청나다. 센 귀신이 빠져나갈 경우 온몸에 있는 기운을 전부 소진할 정도로 힘이 빠진다. 예수님에게 찾아온, 거품을 물게 하고 간질과 경련을 일으키게 하는 귀신이 들린 아들이, 귀신이 나가자 마치 죽은 것처럼 보였던 것도 바로 이 때문이다(막 9:20~22). 그래서 매일 30분씩 여러 날 축출기도를 받는 사람이 갖는 공포와 충격은 상상을 뛰어넘는다. 귀신이 빠져나갈 때 고성과 경련 그리고 근육 경직 등이 엄청난 통증을 유발하기 때문이다.

귀신들이 입을 통해 쫓겨 나갈 때 동반되는 현상은 경련과 고성, 타액의 분출, 끊임없는 기침 등이 전부가 아니다. B 집사의 경우 중증 정신분열 증세로 10년 이상 정신병원에 격리되어 치료를 받아야 한다는 종합병원의 진단을 받았는데, 필자는 정신분열 증세가 아니라 귀신들림이라고 확신했다. 그랬기에 B 집사를 필자의 아파트로 데리고 와서 축출기도를 시작했다. 당시 B 집사는 제정신이 아니라 횡설수설하고 있었는데, 축출기도를 시작하자 식구들을 비롯한 주변 사람들을 향해 고성으로 욕설과 함께 분노를 드러냈다. 자그마한 체구였지만 아주 힘이 세서 필자 부부가 함께 꽉 잡고 기도하느라고 애를 먹었다. 기도를 하지 않을 때에는 밤새도록 잠을 자지 않고 집 안을 두리번거리며 호기심 어린 표정으로 배회했다. 그래서 필자 부부는 번

갈아 가며 잠을 자면서 한 명이 깨어 지키고, 칼이나 가위 등 위협이 될 만한 물건들은 꼭꼭 숨겨 두었다. 하루에 서너 차례 축출기도를 시작하고 나서 삼 일째 되던 날이 되어서야 비로소 귀신을 완전히 축출해서 제정신으로 돌아왔다. B 집사의 경우에는 많은 귀신들이 잠복해 있지 않아서인지, 축출할 때 기침을 동반하지 않고 오직 욕설과 고함만 질러 댔다. 그리고 삼 일째 되던 날 아침, 감쪽같이 제정신으로 돌아왔다. 이런 경우에는 보통 축출 현상에서 보이는 것과 조금 달라 보였다. 아침이 되자 귀신이 나가 버린 것을 발견한 것이다. 다른 축출 현상과 이 경우를 비교해 보면, 모든 귀신들이 입을 통해 타액을 분출하고 기침을 동반하면서 나가는 것은 아니라는 것을 알 수 있다. 기침을 동반하며 입을 통해 나가는 현상이 가장 많은 사례일 뿐이지, 몸의 다른 부분을 통해 순식간에 나가 버릴 수도 있다.

## 쫓겨난 귀신은 다시 들어오려고 애쓴다

귀신들은 사람의 몸에 잠입해서 거주하기를 좋아한다. 그래서 오랫동안 안락하게 지냈던 사람에게서 쫓겨났다고 해도 포기하지 않고 다시 들어오려고 애쓴다. 앞서 밝힌 대로 A 집사의 경우 그의 몸 안에는 수백 마리 이상의 귀신들이 잠복해 있었으며, 완전히 쫓아내는 데 매일 30분간 2주일의 시간이 걸렸다. 약한 귀신들은 매일 수도 없이 나갔지만 센 놈들은 엄청나게 저항하며 버텼다. 맨 마지막에 나간

놈은 가공할 만한 능력을 가진 놈이었다. 2주가 거의 다 된 금요일 축출기도가 끝나자, A 집사는 자신의 몸과 동일한 크기의 느낌을 주는 놈이 한 번 꿈틀거렸다고 했다. 그런데 그놈이 얼마나 센 놈인지 공포감이 엄청나게 느껴진다고 하였다. 그래서 필자는 성령께 그놈의 정체와 해결책을 물어보았더니 회개기도를 철저하게 하라고 말씀하셨다. 그날 밤 아내의 꿈에 자그마한 얼굴의 사내가 땅에 얼굴만 내놓고 누워 있는데, 일어나는 것을 보니 몸이 산만 했다고 하였다. A 집사가 아침에 기도를 시작하면서 필자의 요청대로 회개기도를 시작했는데 커다란 울음과 함께 폭포수처럼 눈물이 터져 나왔다. 그러고는 꼬박 2시간 동안 회개기도만 했다고 한다. 그런데 놀랍게도 몸에 붙어 있던 귀신이 모두 떠나 버렸다고 고백했다. 귀신이 떠나간 몸은 날아갈 듯이 가볍고 평안하고 상쾌한 느낌이었는데, 난생 처음으로 그런 기분이 들었다고 하였다.

그런데 기쁨도 잠시, 며칠이 지난 후 그에게서 다급하게 전화가 걸려 왔다. 새로운 귀신들이 들어왔다는 것이다. '아니, 2주 동안 찜통더위에 비지땀을 흘려 가며 기진맥진하면서 겨우 쫓아냈다고 기뻐했는데, 다시 들어왔다고?' 그 말을 들은 필자 부부는 무척이나 당황했다. '혹시 귀신들이 다 빠져나가지 않았던 것일까?' 여러 가지 불안한 생각들이 들었다. 그런데, A 집사는 그동안 귀신들에게 시달린 학습 효과로 그들이 잠입한 부분과, 그들이 어떻게 활동하고 있는지 거의 아는 수준에 올라 있었다. 그동안 몸에 들러붙어 있던 귀신들은 죄다 나갔는데, 어느새 새로운 놈들이 들어와 몸의 새로운 부위에 들러붙고 있다고 친절하게(?) 설명해 주었다. 그래서 필자는 성령께 어떻게 된 상황인지 물어보았다. 그러자 성령님은 기도와 말씀으로 계속 쫓아내라고 말씀하시면서, A 집사를 이 사역에 동역자로 사용하려고 기도훈련을 시키기 위해 귀신들의 잠입을 허용하고 있다고 하셨다. 그 사건이 있기 전에 성령님은 악한 영들조차 하나님 안에 속한 존재들이라고 필자에게 말씀하셨다. 실제로 욥기에 보면 사탄이 하나님 앞에 와서 활동을 보고하며 하나님의 명령에 따라 욥을 시험하는 장면이 나온다(욥 1:6~12, 2:1~6). 이런 사실로 볼 때, 비록 사악한 사탄조차도 하나님의 손아귀 안에 들어 있는 존재로서 하나님의 통치 아래 사용되고 있음을 알 수 있다. 그 뒤로 A 집사는 필자 부부의 도움 없이 스스로 자신 안에 들어온 귀신들을 쫓아내고 있다. 아직 축출 능력은 미약하지만 축출 능력을 가진 것만으로도 놀라운 일임에 틀림없다. 성령님은 능력 있는 기도를 하려면 기간이 더 필요하며 특히 말씀이 더 들어가야 한다고 말씀하셨다. 그러면서 성령의 도우심을 강력하게 요청하는 기도를 계속 가르치라고 필자에게 명령하셨다. 그때부터 A 집사는 매일 새로 들어온 귀신들을 쫓아내는 기도를 매일 3시간 남짓 하고 있다. 물론 다음 날이 되면 다시 또 들어오는 악순환을 반복하고 있지만, 시간이 지날수록 축출기도 능력이 업그레이드되고 있다. 새로 들어온 귀신들은 예전에 몸에 붙어 있던 귀신들보다는 약한 놈들이어서 기도훈련 하기에 안성맞춤으로 하나님이 허용하신 것들이다. 어쨌든 쫓겨난 귀신들이 다시 들어오려고 애쓰는 것은 틀림없는 사실이다. B 집사의 경우에도 쫓아내고 나서 1주일 남짓 매일 그녀의 집에 가서 예배를 드리며 귀신이 다시 들어오지 못하도록 권면하며 기도했다. 처음에는 B 집사의 눈에 희한한 모습이 보인다고 해서, 필자는 그럴 때 즉시 축출기도를 하면서 성령님의 도움을 강력하게 요청하라고 일러두었다. 그렇지만 그러한 모습이 약 1주일간 계속되더니 다시는 그러한 현상이 일어나지 않았다. 그 귀신도 다시 들어오려고 시도했던 것이다. 그러므로 귀신을 쫓아냈다고 안심하면 절대로 안 된다. 쫓겨 나간 귀신들은 틈을 타서 다시 들어오려고 시도할 것이기 때문에, 성령이 내주하시는 기도로 자신을 무장시키는 것이 중요하다.

> 더러운 귀신이 사람에게서 나갔을 때에
> 물 없는 곳으로 다니며 쉬기를 구하되 얻지 못하고
> 이에 이르되 내가 나온 내 집으로 돌아가리라 하고(눅 11:24)

위 예수님의 비유에서도 사람에게서 나간 귀신이 다시 들어오는 장면을 보여 주고 있다. 이런 사실에 비추어 볼 때 귀신들은 사람에게 들어가 붙어 있는 것을 선호한다. 그래서 한번 들어가 오랫동안 안락하게 있었던 사람을 잊지 못한다. 다시 들어간다면 자신뿐 아니라 다른 동료 귀신들을 대동하는 험악한 상황이 연출되는 것이다. 그래서 귀신을 쫓아냈다면 항상 기도와 말씀으로 무장하여 성령의 능력을 갖추는 것이 아주 중요하다. 사람들이 영적인 눈이 없기에 보지 못하지만, 악한 영들은 우리 주변에 수도 없이 많이 존재한다. 성령님도 필자에게 너의 등 뒤에 그들이 숨어 있다고 말씀하시면서, 영혼을 사냥하는 영들을 조심하고 대적기도로 쫓아내라고 하신다.

# 7. 어떻게 귀신축출 능력을 얻을 것인가?

크리스천이라면 누구나 하나님이 주시는 권능을 받아 능력 있는 기도 하기를 학수고대할 것이다. 특히 악한 영의 공격에 시달리고 있는 사람이라면 그 소망은 이루 말할 수 없이 간절할 것이다. 그렇지만 안타깝게도 그런 능력을 지닌 사람들을 보는 건 쉬운 일이 아니다. 우리나라에도 일천만 명이 넘는 크리스천들이 있고, 스스로 대단하다고 여기는 수십만 명의 목회자가 있지만, 악한 영을 쫓는 축출 능력을 가진 이를 만나 보는 것은 마치 모래밭의 바늘을 찾는 격이다. 예수님은 겨자씨만 한 믿음만 있다면 자신보다 더 큰 일도 할 수 있다고 하셨지만, 사람들은 그 말씀을 성경 안에만 존재하고 우리가 사는 현실 세계에서는 찾을 수 없는 사어(死語)처럼 여길 뿐이다. 그 이유는 무엇일까? 성령과 깊은 교제를 나누는 크리스천이 없기 때문이다. 예수님은 물론 사도들도 놀라운 영적 능력의 소유자였지만 그 모든 능력의 원천은 성령을 받은 후였다. 마찬가지로, 귀신을 분별하고 쫓아내는 영적 능력은 누구에게나 필요하다. 단지 그것을 얻는 능력에 무지할 뿐이다.

## 성령이 내주하시는 기도 습관을 들이라

그러나 내가 하나님의 성령을 힘입어 귀신을 쫓아내는 것이면
하나님의 나라가 이미 너희에게 임하였느니라(마 12:28)

조선시대는 선대왕이 후사를 남기지 않고 일찍 죽으면 전주 이씨의 고위 종친 모임에서 추천한 사람이 임금 자리에 올랐다. 태조 이성계가 쿠데타를 일으켜 고려를 멸망시키고 국호를 조선이라고 하는 나라를 세워 스스로 임금 자리에 올랐고, 그 뒤를 따라 줄줄이 그의 후손들이 왕이 되었기 때문이다. 그래서 조선을 가리켜 이씨조선이라고 말하기도 한다. 이(李)씨가 통치하던 나라였다는 말이다. 성경에서 자주 등장하는 용어인 '하나님 나라'의 의미도 이와 같다. 하나님이 통치하시는 나라라는 의미이다. 헬라어로 써진 원어 성경에서는 βασιλείας τοῦ θεοῦ(바실레이아스 투 데우) 즉 '하나님의 왕국'이라는 용어를 사용했지만, 우리는 봉건주의가 아니라 국민이 투표해서 대통령을 뽑는 민주주의 시대에 살고 있기에 '나라'라고 번역되었다. 하나님 나라는 하나님이 통치하시고 다스리시는 나라라는 의미이다. 위의 예수님 말씀대로 우리가 귀신을 쫓아내는 영적 능력을 지녔다면 그

것은 이미 성령께서 우리 안에 거주하신다는 증거이다. 그렇다면 거꾸로 아무리 기도해도 귀신이 쫓겨 나가지 않는다면 성령님이 임재하지 않았다는 반증이기도하다. 그래서 바울 사도는 "하나님 나라는 말에 있는 것이 아니라 능력에 있다(고전 4:20)"는 말씀을 하신 것이다. 성령이 내주하시지 않기에 아무리 축출기도를 열심히 해도 귀신들이 꿈쩍도 하지 않았다. 필자는 수많은 귀신을 쫓아낸 A 집사가 필자의 사역에 관심을 갖고 동역할 뜻을 보이자, 성령이 내주하시는 기도훈련을 시켰다. 그 후로 그는 실제로 귀신을 쫓는 영적 능력을 지니게 되었다. 아직은 훈련이 부족하여 영적 능력이 약해, 힘이 센 귀신들을 쫓아내는 것을 버거워하고 있지만, 귀신이 쫓겨 나간다는 사실은 성령으로부터 도움을 받고 있다는 증거임에 틀림없다.

너희가 전심으로 나를 찾고 찾으면 나를 만나리라(렘 29:13)

하나님을 만나는 방법은 생각 외로 그리 어렵지 않다. 하나님을 찾고 찾으면 된다. '찾고 찾으면'이라는 말은, 다른 성경에서는 '간절히'라는 말로 바꾸어 쓰기도 한다(잠 8:17). 사도행전의 사도나 제자들은 성령 충만을 받아 귀신을 쫓아내며 질병을 낫게 하는 등 놀라운 이적과 기적의 주인공들이 되었다. 그들 역시 마가의 다락방에서 전심으로 기도하였기에 그러한 영적 능력이 가능했으며, 사도들의 설교를 듣고 회심하여 기독교인이 되고자 결심했던 초대 교회 교인들에게도 오로지 기도에 힘쓸 것을 가르쳤다(행 2:42). 필자가 사역을 결심하고 교회에서 배운 기도의 관행이 아니라 성경에 기록된 기도 방식만을 따라 행하고자 결심한 것도, 교회에서 배운 기도 방식으로는 귀신을 쫓고 질병이 낫는 등의 성령의 역사가 나타나지 않았기 때문이다. 많은 사람들이 새벽기도회나 금요기도회 혹은 기도원에서 금식하며 기도하면서, 자신들이 간절히 하나님을 찾고 있다고 생각한다. 그런데도 여전히 그들에게 성경에서 약속한 성령의 능력이 나타나지 않았다면 아직 부족하다는 증거이다. 자신이 생각하거나 교회에서 주문한 잣대가 아니라, 성경에서 보여 주는 능력이 나타날 때까지 간절히 찾아야 한다. 그렇지만 안타깝게도, 대부분의 사람들은 성령의 능력이 내려오기를 기다리지 않고 서둘러 기도를 마치고 자리를 떠난다. 또 다른 사람들은 기도원이나 교회의 부흥회 등 집회에서 성령을 받으려고 한다. 부흥회의 특징은 장내가 떠나갈 듯한 찬양과 웅장한 악기 소리로 분위기를 고조시키고, 걸쭉한 목소리의 기도 인도자가 마이크로 분위기를 띄우면서 모두들 통성으로 기도한다는 것이다. 이들의 기도 내용은 하나님을 간절히 찾는 것이 아니라, 이루고자 하는 기도 목록일 뿐이다. 그 자리에서는 열정적인 분위기에 휩싸여 격앙된 감정을 성령 충만으로 여겼는지 모르지만, 성령이 임재한 증거가 없다면 자기만족일 뿐이다. 집회에 참석한 대부분의 사람들이 이러한 행위를 반복하곤 한다. 성령을 만나는 것은 장소나 기도 방식이 중요하지 않다. 중요한 것은 간절한 마음으로 하나님을 찾는 것이다. 그것도 자신이 생각한 기도의 빈도(頻度)나 강도(强度)가 아니라, 성령이 내주한 증거가 나타날 때까지 지속하는 것이다. 결론적으로 말하자면, 하나님은 믿음의 척도를 희생적인 신앙행위로 보는 것이 아니라 마음의 태도로 재고 계시다.

쉬지 말고 기도하라(살전 5:17)

이 말씀의 헬라어 표기는 ἀδιαλείπτως προσεύχεσθε(아디아레이
프토스 프로슈케스데)이다. προσεύχεσθε(프로슈케스데)는 '기도'라는 뜻
이고 ἀδιαλείπτως(아디아레이프토스)는 '끊임없이'라는 뜻이다. 즉
"쉬지 말고 기도하라"는 성경 말씀은 '끊임없이 기도하라'는 뜻이다.
물론 두 번역에 별다른 차이가 없다고 생각할 수 있겠지만, 우리가
받아들이는 의미의 차이는 적지 않다. 쉬지 않고 기도한다는 말의 기
준은 사람마다 다를 수 있겠지만, 끊임없이 기도한다는 말의 의미는
누구나 동일하게 받아들이게 된다. 틈을 내서 기도하고 쉬지 않고 기
도하는 모습이다. 이처럼 바울이 기도의 방법으로 제시한 것은 전심
을 다해 끊임없이 기도하라는 말이다. 사실 이같은 방법을 바울만 말
한 것은 아니다. 예수님도 항상 기도하라고 하였고(눅 18:1), 고넬료도
항상 기도하다가 하나님의 감동을 얻게 되었다(행 10:2). 사무엘도 기
도를 쉬는 죄를 범치 말라고 한 말씀으로 보아(삼상 12:23), 그가 일상
에서 끊임없이 기도했다는 것을 미루어 짐작할 수 있다. 그렇지만 우
리는 새벽기도회에 참석해서 10여 분간 기도하거나 식사 때, 잠자리
에 들기 전에 잠깐 기도하면 성실하게 기도하는 것으로 여기기 십상
이다. 그렇지만 교회의 관행이나 자신의 생각이 중요한 게 아니라, 성
경에서 요청하는 기도 방식이 중요한 것이다. 그 잣대가 바로 일상에
서 끊임없이 기도하는 삶을 사는 것이다. 그렇지만 이러한 기도의 태
도를 보여 주는 크리스천을 보는 것은 실로 어려운 일이다. 그렇기에
우리 주변에서 귀신을 쫓아내는 영적 능력을 지닌 크리스천을 볼 수

없는 것이다. 교회나 기도원에서뿐 아니라 삶의 현장에서도 끊임없이 기도해야 하는 것은, 그게 하나님과 동행하는 방법이기 때문이다.

성령을 소멸하지 말며(살전 5:19)

위 성경 말씀의 헬라어 표기는 다음과 같다. τὸ πνεῦμα μὴ σβέννυτε(토 프뉴마 메 스벤뉘테)이다. 그냥 직역하자면 '성령을 끄지 말라'이다. '끄다'라는 동사는 불을 끄는 동작을 나타낸다. 성령이라고 함축적으로 말한 뜻을 곰곰이 생각하면 '성령의 불'을 뜻하는 것임을 어렵지 않게 알 수 있다. 그렇다면 성령의 불이란 무엇일까? 성령의 불이 암시하는 것은 성령의 사역이다. 예언이나 귀신 쫓음, 질병의 치유 같은 성령의 활동이 바로 성령의 불을 의미하는 것이다. 하나님의 은혜로 성령 세례를 받고 성령 충만한 경험을 가진 사람들도 우리 주변에 적지 않다. 그렇지만 선물로 주어지는 성령의 능력을 스스로 얻는 과정이 없는 이들은, 이를 유지하는 능력이 없기에 어느 샌가 성령의 능력이 그들에게서 사라지고 말았던 것이다.

교회의 부흥회나 기도원의 집회에서 은혜로 성령이 임재하고 영적 은사를 얻은 자들일지라도, 일상에서 쉬지 않고 기도하지 않는다면 몇 달 지나지 않아 그 능력은 곧 사라지게 된다. 그래서 다시 집회를 찾아다니거나 기도원으로 올라가지만, 그런 능력을 다시 얻는 일은 거의 없다. 은혜로 주어졌을 때 그 능력이 소멸되지 않도록 끊임없이 기도하며 성령과 깊고 친밀한 교제를 나누어야 했을 터이지만, 처음부터 간절한 기도의 결과로 얻어진다는 사실에 무지했기에 성령 충만한 시기를 즐기고 누리기에 바빴다. 그래서 우리 주변에는 과거에 한두 번, 성령의 임재와 영적 능력을 경험한 기억만을 갖고 사는 이들이 적지 않다. 성령이 내주하는 간절한 기도를 일상에서 끊임없이 하는 기도의 습관만이 성령의 불을 끄지 않는 유일한 비결이다. 성령은 간절히 찾는 자라면 누구에게라도 찾아오시는 분이지만, 자신의 존재를 잊은 자들에게서는 미련 없이 떠나가는 분이시기 때문이다.

예전에 필자가 충주에서 영성학교를 열기 전에, 대전에서 성령이 내주하는 기도훈련 하는 모임을 매일 밤 열었다. 원래는 그 시간이 필자 부부가 기도하던 시간이었지만, 많은 분들이 이를 알고 찾아와 훈련 동참을 요청하는 바람에 공개적으로 기도훈련을 하였다. 훈련 순서는 먼저 약 30분간 성경 말씀을 가르치고, 그 뒤 약 1시간 동안 성령님을 간절히 찾는 시간을 가졌다. 성령이 내주하는 기도는 장소나 시간이 상관없다. 교회나 집, 사무실, 심지어는 자동차 안에서도 그냥 하나님을 간절히 부르며 찾으면 된다. 그렇지만 적지 않은 시간이 걸리기 때문에 혼자 하면 중도에 낙담하고 실망해 포기하는 일이 잦다. 그렇기에 함께 모여 약속의 말씀을 곁들여 배우고, 영적 지도자의 지도 아래 여럿이 기도하면 성령의 능력을 덧입을 수 있기 때문에 좋다. 참여하는 이들의 열정은 그야말로 뜨겁다. 성령이 내주하는 기도 습관을 들이기만 하면 귀신을 쫓는 영적 능력은 물론, 놀라운 능력의 소유자가 되어 예수님의 귀한 제자로 사용되고, 천국에서는 빛나는 면류관과 엄청난 상급이 기다리고 있다는 것을 믿어 의심치 않기 때문이다. 이렇게 기도훈련을 통과하면 시간과 장소를 가리지 않고 일상의 삶에서 끊임없이 기도하는 습관을 들이게 된다.


## 성령이 내주하시는 증거

그렇다면 성령이 내주하는 증거가 무엇인가? 지속적으로 새 방언을 말하며, 축출기도로서 귀신을 쫓아내고, 손을 얹어 질병을 낫게 하며, 놀라운 이적과 기적을 일으킨다면 두말할 나위 없이 성령이 내주하시는 증거이다. 그렇지만 이러한 증거가 나타나는 것은 오랜 기도훈련을 하고, 읽은 말씀들이 머릿속에 빼곡하게 들어와 성령의 능력이 자신 안에 임재하고 난 이후의 일이다. 그렇다면 이런 증거는 어떤 과정을 통해 일어날까? 대부분의 크리스천이 겪은 성령 충만 혹은 성령이 임재하는 사건은, 교회의 부흥회나 기도원의 집회 등에서 기도하다가 일어난 경우가 많을 것이다. 이러한 경우는 일방적인 하나님의 은혜로 받은 것이기 때문에 오래 지속되지 못하는 경우가 허다하다. 아무리 성령 충만하더라도 성령과 깊고 친밀하게 교제하는, 지속적인 기도 습관을 들이지 않는다면 오래지 않아 성령의 활동은 소멸되고 성령도 떠나가실 게 틀림없다. 우리 주변에 한때 성령 충만했다고 과거를 회상하는 사람들이 적지 않지만, 이는 현재 그 상태를 유지하지 못한다는 반증이기도 하다. 왜냐하면 스스로 간절한 기도훈련으로 얻어진 게 아니고 그냥 은혜로 얻어졌기에 계속해서 유지하지 못하는 것이다. 그렇지만 낙심할 필요는 없다. 이제부터라도 성령이 내주하시는 기도훈련을 받는다면 누구나 성령 충만을 받고 하나님으로부터 탁월한 영적 능력을 얻을 것이기에 말이다.

앞서 언급한 대로, 성령이 내주하시는 기도를 간절히 하면 언젠가 성령이 임재하는 느낌을 얻게 된다. 성령이 임재하는 느낌은 대체적으로 잔잔한 평안과 넘치는 기쁨이 드는 것인데, 처음에는 자극적인 느낌이 드는 경우가 많다. 마치 온몸에 전기가 흐르는 듯한 짜릿짜릿한 전율이나 가슴이 벅찬 느낌, 구름 위를 나는 듯한 느낌, 누군가가 따뜻하고 포근하게 안아 주는 듯한 느낌 등 다양하다. 물론 오랫동안 하나님의 이름을 간절히 부르면서 경험하는 느낌이기 때문에 성령이 주시는 것일 확률이 크다. 그렇지만 사실 100% 그렇지는 않다. 기도할 때 드는 평안이나 기쁜 느낌들은 크리스천만 얻는 것이 아니다. 불교의 참선이나 초월명상, 요가, 마인드컨트롤, 단학수련 등 다양한 정신수양법을 통해서도 이런 느낌들은 얻어질 수 있기 때문이다. 그러므로 평안하거나 즐거운 기분이 든다고 해도 기뻐하기엔 아직 이르다. 평안한 느낌의 출처가 성령이라면, 기도 중에 드는 느낌이 아니라 기도가 끝나고 나서 분명한 증거가 있어야 한다. 그러한 증거로는 자신도 모르게 입에서 찬양이 흘러나오고, 영적으로 기도를 하게 되며, 성경을 펼치면 하나님이 자신에게 말씀하시는 듯한 깨달음이 오거나, 간혹 폭풍같이 쏟아지는 눈물로도 나타난다. 그리고 기도가 하고 싶어 시도 때도 없이 기도를 하는 자신을 발견하게 된다. 그러한 현상이 비로소 성령이 임재한 증거이다. 그러한 증거가 아직 발견되지 않았다면 조금 더 기도해야 한다. 물론 그러한 증거가 폭풍처럼 넘쳐 나는 것은 아니다. 처음에는 맛보기로 가끔씩 오곤 하다가 시간이 지 날수록 빈도와 강도가 증폭되는 것이다. 물론 적지 않은 기도훈련 시 간이 필요할 것이다. 그렇지만 그런 증거는 성령이 내주하시는 기도 의 문이 열렸다는 신호이며, 지속적으로 기도하기만 하면 영적 능력 자의 길로 가게 된다.

성령이 내주하는 증거가 있다면 곧바로 귀신을 쫓아내며, 기도하는 것마다 응답이 쏟아지는 경지에 이른 것일까? 대답은 아직은 '아니요' 이다. 성경에서 말하는, 소위 성령의 열매를 얻는 경지에 올라서야 한 다. 열매란 씨앗이 떨어져 이파리를 펼치고 꽃이 피고 열매를 맺는 오 랜 시간을 필요로 한다. 이는 성령의 열매라고 지목한 갈라디아서 5 장 22~23절의 덕목만이 아니다. 그 말씀에서 언급하는 성령의 열매는 단지 하나님의 거룩한 성품으로 변화해야 한다는 것을 구체적으로 지 목한 것일 뿐이다. 성령이 내주하는 상태가 계속되면 부족한 성품이 변해 거룩한 하나님의 성품으로 변화할 것이기 때문이다. 그렇지만 그것뿐이 아니다. 이 상태가 되면 기도하는 것마다 응답이 오는 놀라 운 경험을 하게 된다. 질병이 치유되며 귀신도 쫓겨 나간다. 의인의 기 도는 역사하는 힘이 강하기 때문이다(약 5:16). 다양한 은사나 영적인 능력을 갖게 된다는 의미이다. 결론적으로 귀신을 쫓아내는 영적 능 력을 얻는 것은 성령의 열매를 얻는 경지의 기도 수준에 올라서야 가 능하다. 귀신을 쫓아내는 능력을 갖게 되는 것은 이미 하나님의 나라 가 임했다고 하신 의미(마 12:28)와도 같은 맥락이다. 축출기도로써 귀신을 쫓아내는 영적 능력을 지닌 사람이라면 이미 하나님과 동행하는 기도의 습관을 들인 것이기 때문이다. 그런 사람은 질병을 치유하거나 방언, 예언 등의 다양한 은사나 영적 능력도 겸하여 갖는 경우가 허다하다. 필자 부부의 경우도 귀신축출뿐 아니라 지혜나 지식, 믿음, 예언의 은사 등도 지니고 있다. 하나님은 예언뿐 아니라 성경의 깨달음, 환상, 꿈으로도 계시해 주신다. 이러한 것도 역시 성령이 내주하시고, 기도의 습관을 들여 깊고 친밀한 관계를 누린 결과이다.

## 성경 말씀을 머릿속에 빼곡하게 넣어라

귀신은 사람보다 훨씬 높은 영적 능력을 가지고 있는 영적 존재이다. 그들의 신분은 타락한 천사들로서, 천사와 동급의 영적 능력을 가지고 있기 때문이다. 사탄은 하나님의 자리를 넘보는 존재로, 천사장 미가엘이 싸워도 능히 이기지 못할 정도로 엄청나다. 그들과 싸워 이겨야 하는 우리로서는 성령 하나님의 능력이 절대적으로 필요하다. 필자에게 찾아온, 귀신에게 공격을 받은 크리스천들은 자신이 다니는 교회나 주변에서 추천을 받은 교회의 목회자들에게 도움을 요청했다고 한다. 그렇지만 그 목회자들은 귀신을 쫓지 못했다. 아무리 열정적으로 기도해도 안에 들어가 있는 귀신들은 잠잠했다. 성령이 내주하지 않은 목회자들인 까닭이다. 평소에 성령의 능력을 강조하고 설교 때마다 성령 안에서 기도할 것을 역설하였겠지만, 정작 자신들

안에 성령이 내주하지 않는다는 사실이 곤혹스럽기만 하다. 우리네 교회가 처한 암울한 현실이기도하다. 성령이 내주하지 않는 사람이 기도하면 귀신들은 아무런 반응이 없다. 그렇지만 성령이 내주하는 크리스천이 축출기도를 하면 몸 안에 잠복하고 있는 귀신들은 고통스러움에 가만히 있지 못하고 날뛰기 시작한다. 귀신이 축출되는 것도, 그들이 도저히 견딜 수 없기에 버티다 못해 빠져나오는 현상이다.

> 태초에 말씀이 계시니라 이 말씀이 하나님과 함께 계셨으니
> 이 말씀은 곧 하나님이시니라(요 1:1)

필자가 아는 귀신에 대한 정보는 성령께서 해 주신 이야기와 더불어, 그동안 귀신에게 공격을 받은 사람들의 증언으로 얻은 것이다. A 집사는 현재 사역의 능력을 얻기 위해 하루에 서너 시간 동안 기도하는 것을 포함해 맹훈련 중에 있다. 한때는 귀신들에 의해 삶이 파괴되는 심각한 상황까지 갔지만, 지금은 귀신을 축출하는 영적 능력을 보유하고 있다. 하나님은 그에게 세력이 약한 귀신의 잠입을 허용하여 기도훈련을 시키고 있다. 그래서 매일 귀신들이 들어오며, 어느 정도 몸 안에 쌓이면 축출기도로 쫓아내는 상황을 반복하고 있다. 그러던 중, 그는 자신 안에 잠복한 귀신을 쫓아낼 때 희한한 광경을 목격했다. 기도할 때는 당연히 귀신들이 몸에서 빠져나가지만, 성경을 펼쳐서 읽을 때도 그들이 스멀스멀 빠져나간다고 한다. 성경을 펼쳐 읽기만 하면 귀신들이 아주 싫어해서 몸 안에서 요동을 친다고 한다. 이러한 현상은 성경 말씀이 하나님이심을 밝히신 요한복음 1장 1절

이 삶의 현장에서 그대로 드러나는 광경이다.

성령이 내주하는 기도를 하는 사람은 누구나 귀신을 축출하는 능력을 가지고 있다. 그렇지만 그 능력은 천차만별이다. 말하자면, 탁월한 성령의 능력을 보유하고 있는 사람과 보통의 능력을 가진 사람이 있다. 예수님은 물론이고 초대 교회 당시의 베드로나 바울은 예수님과 구별되지 않을 정도의 탁월한 영적 능력으로 귀신을 쫓아내고 질병을 치유하며, 심지어는 죽은 사람까지 살려 내기도 했다. 그렇지만 이런 영적 능력을 보유한 이는 그 당시에도 드물었던 게 사실이다. 그렇다면 왜 이렇게 영적 능력이 사람마다 다를까? 그것은 자신 안에 성령이 얼마나 왕성하게 활동하고 있느냐에 달려 있고, 그 중심에 말씀이 있다. 말씀이 빼곡하게 들어가 있어 항상 가득 찬 삶을 사는 이는 영적 능력이 왕성하지만, 그렇지 못한 사람은 상대적으로 떨어질 것이 분명하다. 그렇다면 어떻게 해야 성경 말씀을 빼곡하게 머릿속에 집어넣을 수 있을까? 하루 종일 성경책을 붙들고 살면 될까? 그건 아니다. 우리는 오랫동안 설교를 들어 와서 웬만한 성경 지식은 머릿속에 저장되어 있지 않은가? 그러나 말씀이 머릿속에 들어 있는 것뿐 아니라, 가슴으로 내려오는 말씀이 되어야 가능하다. 그러기 위해서는 먼저 성령이 내주하는 기도가 우선되어야 한다. 말하자면 기도의 강을 건너야 한다. 성령이 내주하는 상태가 되면 말씀을 읽고 싶어지며, 말씀을 읽으면 가슴에서 변화가 일어난다. 말씀이 쫀득쫀득하게 다가오기 시작한다. 즉, 평소에 듣고 읽었던 지식이 아니라, 내게 말해 주는 말씀이 되어 가슴을 울리기 시작하는 것이다. 그래서 성경을 읽다가 눈물이 주르륵 흐르며, 폭풍 같은 오열을 하는 경우도 허다하다. 이런 상태가 말씀이 가슴으로 들어오는 현상이다. 이렇게 되어야 하루 종일 머릿속에서 말씀이 떠나지 않게 되는 것이다. 말씀을 지식으로만 아는 것이 아니라, 가슴으로 내려와야 성경의 사실들이 믿어지며 하나님의 존재가 가슴에 아로새겨지는 것이다. 이런 상황이 바로 성령이 내주하는 상태이다. 그래서 항상 이런 상태를 유지해야 성령의 능력이 내 안에서 자라고 나타나는 것이다. 탁월한 성령의 능력을 소유하려면 오랜 시간 말씀을 읽고 묵상하는 기간이 필요하다. 그러나 안타깝게도, 머릿속에 든 성경 지식은 많지만 깨달음으로 가슴으로 내려오는 이들은 많지 않다. 성령이 내주하는 기도에 무지하기 때문이다. 과거의 과오를 후회해 보았자 소용이 없다. 지금부터라도 성령이 내주하시는 기도를 통해 하나님의 말씀이 깨달음으로 변화되어 가슴속에 새겨지도록 해야 한다.

## 성령의 능력을 간절히 요청하라

귀신으로부터 공격을 받아 오랫동안 고통스러운 삶을 이어 온 사람들의 소망은, 귀신들이 자신 안에서 나가 주었으면 하는 것이다. 수많은 날 동안 간절한 기도가 하늘에 사무쳤을 만한데 아무런 응답이 없다. 결론부터 말하자면, 성령의 능력이 없는 기도이기 때문이다. 성령이 내주하지 않은 상태에서 아무리 기도해 보았자 허공에 사라지는 소리에 불과하다. 그래서 성령이 내주할 때까지 간절히 기도하는 것이 최우선 순위이다. 그렇지만 성령의 은혜를 경험하고 있는 사람에게서도 귀신이 쉽사리 나가지 않는 경우도 허다하다. 수효가 많거나 센 귀신들이 잠복해 있는 경우에는 웬만한 능력으로는 나가지 않고 버틴다.

며칠 전 필자를 찾아온 C 집사는 이미 필자에게서 축출기도를 받았던 분이다. 과거 필자의 지인이 자신의 고등학교 동창인 C 집사를 소개하며, 원인 모를 불면증과 신경쇠약으로 오랫동안 고통받고 있다고 했다. 필자가 한번 뵙고 싶다고 하자 직접 교회에 찾아왔었다. 그 집사가 귀신으로부터 고통당하고 있다는 것을 한눈에 알 수 있었다. 매일 C 집사의 집에 찾아가 축출기도를 해 주겠다는 필자의 제안을 흔쾌히 받아들였다. 그런데 3, 4일 찾아가서 기도하던 중, C 집사는 갑자기 그만두겠다고 하였다. 이유인즉슨, 자신이 다니는 교회의 목회자가 혹시 잘못되면 더 큰 일이 생기니 기도를 받지 말라고 하였다는 것이다. 두려움이 들어와서 더 이상 기도를 받지 못하겠다고 하였다. 그 집사가 다니던 교회의 목회자는 그 집사의 몸 안에 귀신이 잠입한 사실도 모르고, 축출해 주지도 못하면서 무조건 반대하고 있었던 셈이다. 적지 않은 교회의 목회자가 그런 부정적인 반응을 보이는 것도 사실이다. 그렇지만 이미 오랫동안 고통을 호소하고 있는데, 자신들이 해결해 주지도 못하면서 반대만 하고 있는 행위가 답답하고 안타까웠다. 그러나 그때 필자는, 하나님이 보내 주신 분이 아니라면 굳이 찾아다니며 쫓아내 줄 필요가 없다고 생각했다. 아무런 열매가 없기 때문이었다. 그러고 나서 2년이 흐른 며칠 전, C 집사로부터 전화가 걸려 왔다. 필자는 대전 지역의 극동방송국 홈페이지에 칼럼을 싣고 있는데, 우연히 그 사이트의 칼럼을 보고는 생각나서 전화했다고 한다. 그래서 이후의 근황을 물어보았더니, 여전히 고통받고 있다고 했다. 2년 전에 끝까지 기도했더라면 완전히 몰아낼 수 있었는데 고통만 연장된 셈이다. 사실 그때도 하나님이 기회를 주셨는데, 악한 영의 계략에 대한 무지와 어리석음으로 몰아낼 기회를 놓쳐 버린 것이었다. 그렇지만 그녀는 필자와 결별한 뒤 2년 동안 귀신들을 쫓아내려고 무던히 노력했다고 한다. 그래서 믿음도 부쩍 자라고 성령의 은혜도 듬뿍 받았다. 그렇지만 자신의 문제는 아무도 이해하지도, 해결해 주지도 못하는 상황이 계속되었다. 필자에게 찾아온 그다음 날부터 축출기도를 다시 시작하였다. 그 집사는 그동안 성령의 은혜를 받았다는 흔적을 곳곳에서 드러냈다. 기도에 깊이 들어가면 자신의 기도가 아니라 성령이 중보하시는 기도를 하기 시작했다. 또한 성령님이 영음으로 C 집사는 이미 은혜를 받았다고 하시며, 기도와 말씀으로 양육시키라고 부탁하셨다. 은혜를 받았다는 것은 성령이 임재하여 활동했었다는 사실이다. 그렇지만 지속적으로 임재한 것이 아니라 가끔씩 나타내셨기에 기도의 능력도 제한적이었다.

이렇게 성령의 은혜를 맛보고 성령의 임재를 경험한 사람이라고 해서 모든 귀신을 쫓아내는 능력을 소유한 것은 아니다. 잠입한 지 얼마 되지 않은 귀신이나 영향력이 약한 귀신들은 축출할 수 있을지 모르겠지만, 능력이 센 귀신이나 많은 수효의 귀신, 오랫동안 잠입하여 존재하는 귀신들은 웬만한 능력의 기도로는 잘 나가지 않는다. 그러므로 성령이 내주하는 기도를 시작했다고 하더라도 탁월한 성령의 능력을 줄기차게 요청하는 기도를 쉬지 않아야 한다. 이런 기도에 대한 응답은 강도(强度)와 빈도(頻度)에 달려 있다. 강도란 '얼마나 간절히 기도하느냐'이다. 기도할 때, 많은 사람들이 그냥 읊조리는 기도, 푸념하는 듯한 기도, 생각하는 기도를 한다. 그렇지만 기도는 짧은 시간 하더라도 간절한 마음으로 하여야 한다. 하나님은 우리의 기도 시간이 아니라 기도의 태도를 보고 계신다. 간절한 태도로 기도하는 것은 믿음이 동반되지 않으면 안 된다. 필자는 기도할 때는 항상 몸에 힘을 주고 근육을 긴장시켜 기도하곤 한다. 특히 목에 힘을 주며 입으로 "쉿~" 소리를 내며 기도하곤 한다. 침묵 기도를 주로 하기에 통성으로 기도하지 않지만 그래도 강하게 내쉬는 숨소리를 동반하며 기도한다. 이는 목과 가슴에 힘이 들어가 있어야 가능하다. 몸에 힘을 주어 기도한다는 것은 간절히 기도한다는 증거이다. 간절한 마음이 없이는 하나님의 마음을 움직일 수 없기에 탁월한 성령의 능력은 언감생심이다. 또한 자주 기도하여야 한다. 우리는 교회에서 정한 기도회에 참석하면 성실하게 기도하는 것으로 오해하기 십상이다. 그렇지만 교회에서의 관행적인 기도가 아니라 성경적인 기도여야 능력이 내려온다. 성경에서 기도 원칙은 일상에서 항상 기도하는 것이다. 그래서 바울은 쉬지 말고 기도하라고 하였으며, 예수님도 항상 기도할 것을 말씀하시며 손수 기도 습관을 들이셨다. 기도란 하나님께 자신의 요구 사항을 요청하는 수단이기 이전에 깊고 친밀하게 교제하는 통로이다. 성령과 친밀하게 교제하는 삶을 사는 사람은 하나님과 동행하는 삶을 실천하는 것이다. 새벽과 밤 시간 등 방해받지 않는 시간을 정해 놓고 오랜 시간 깊은 기도를 하는 것도 필수적이지만, 낮에도 기회만 나면 쉬지 않고 기도하는 습관을 들여야 능력 있는 기도를 하게 된다. 목회자뿐 아니라 크리스천이라면 누구나 능력 있는 기도를 소원하고 있지만, 이를 얻어 누리는 이는 많지 않다. 그 이유는 삶의 현장에서 쉼 없는 기도를 습관으로 들이지 못하기 때문이다.

## 의로운 삶을 올곧게 실천하라

능력 있는 기도는 크리스천이라면 누구나 소원하는 목록이다. 그래서 삼백육십오 일 새벽기도에 빠지지 않으며, 오랜 시일 작정하고 기도하면서 그때마다 고액의 헌금 봉투를 드리거나, 혹은 기도원에 가서 금식하며 기도하기도 한다. 그렇지만 희생적인 기도 행위가 하나님의 마음을 움직이는 것이 아니다. 성경에 기록된 하나님의 뜻대로 기도하는 것이 가장 확실한 답이다.

의인의 간구는 역사하는 힘이 많으니라(약 5:16)

성경 말씀 중 의인의 기도가 탁월한 능력이 있다는 이야기는 야고보 사도만 한 것이 아니다. 잠언에도 "여호와는 악인을 멀리 하시고 의인의 기도를 들으시느니라(잠 15:29)" 하는, 이와 같은 뜻의 말씀이 있는 것으로 보아 하나님은 의인을 기뻐하시며, 그 기도에 신속한 응답을 내려 주시는 것이 분명하다. 성경에서 말씀하는 의인은 불의한 이와 상대적인 개념이다. 의인과 상대적인 자는 "불의한 자", "죄인", "불경건한 자", "불의를 일삼는 자" 등이다. 즉 의인이란 하나님의 은혜로 그리스도 안에서 의롭게 된 성도로서, 하나님의 말씀을 좇아 살아가는 경건한 신앙인으로 정의할 수 있다. 하나님의 뜻을 행하는 데 전념하는 자녀임은 두말할 나위 없다.

그렇기에 기도의 자세도 흠잡을 데 없었고 내용도 좋았지만 여전히 응답과는 거리가 먼 사람이 적지 않다. 그렇다면 기도가 아니라 평소에 행하는 본인의 삶의 자세나 생활 방식을 곱씹어 볼 필요가 있다. 희생적인 기도에도 불구하고 응답이 없는 것은 하나님이 외면하시기 때문이다. 그러므로 기도하기 전에 하나님이 기뻐하시는 삶의 자세를 보여 주어야 한다. 예수님의 비유 중에 바리새인과 세리의 기도를 말씀하신 내용(눅 18:9~14)을 살펴보면 어렵지 않게 실마리를 풀 수 있다. 바리새인은 기도를 시작하자마자 자신의 의를 드러내기 바빴다. 금욕적이며 경건하게 살았으며 철저한 기도 행위와 아낌없는 십일조를 드렸음을 강조했다. 반면 세리는 기도를 드리면서 차마 고개를 들지 못하고 죄인임을 고백하며 하나님의 긍휼하심을 구했다. 이 둘의 차이는 무엇일까? 바리새인은 하늘을 찌르는 교만에 가득 차 있었지만 세리의 겸손한 고백은 하나님을 감동시킨다. 하나님은 교만한 자를 싫어하시고, 겸손한 자를 가까이에 두고 싶어 하신다. 이렇듯 하나님이 싫어하시는 성품을 고치지 않는다면 기도 응답은 요원하다.

마음에서 나오는 것은 악한 생각과 살인과 간음과 음란과 도둑질과
거짓 증언과 비방이니(마 15:19)

우리는 세상에서 더러운 생각과 행동으로 살다가 주일이면 깨끗한
옷을 입고 거룩하게 예배를 드리며 간절히 기도한다. 말하자면 '선데
이 크리스천'이다. 주일만큼은 최상의 거룩한 성도가 되지만, 다음 날
아침이 되어 세상에 나가면 세상 사람과 구별이 되지 않을 정도로 탐
욕적이고 세속적이다. 말하자면 악인과 진배없는 삶을 살고 있는데
하나님이 기도를 들어줄 리가 없다. 장사를 하는 사람은 원산지와 품
질과 중량을 속이고, 사업가들은 불의한 청탁과 뇌물, 탈세를 밥 먹
듯이 한다. 보통의 세상 사람보다 이기적이고 냉정하며 탐욕스럽다.
돈을 사랑하고 자기를 사랑하는 세상 사람들의 삶의 방식이 자연스
레 몸에 배어 있다. 아무리 교회에 정기적으로 출석하며 십일조를 성
실하게 드리는 크리스천이라 할지라도, 이러한 악인의 삶의 태도를
버리지 못한다면 하나님이 기뻐하시는 자녀가 될 수 없다. 세상 사람
들은 자신의 능력과 지혜로 살아가야 하기에 수단 방법을 가리지 않
고 불의와 불법을 마다하지 않지만, 크리스천이라면 하나님이 주시는
도우심과 지혜를 덧입어 살아가야 한다. 무늬만 크리스천이고 마음
과 생각이 세상 사람과 다를 것이 없다면, 세상 사람처럼 자신의 능
력과 인간적인 지혜로 살아가야 할 것이다.

정직하게 행하고 사랑으로 가득 차며 온유와 겸손함을 보여 주는 성
품으로 바꾸는 것은 실로 어려운 일이다. 정직하게 산다는 것은, 손해

를 보고 많은 노력에도 적은 수입으로 불편하게 살게 되는 것을 의미할지도 모른다. 남을 불쌍히 여기며 돕는 삶은 도리어 자신이 가난하고 궁핍해질지도 모른다. 고객이 왕이며 자신이 세상의 주인이라고 가르치는 세상에서 겸손하게 살면 치욕적이고 평생 남을 섬기는 하인이 될지도 모른다. 인내하고 절제하는 것처럼 어려운 일이 어디 또 있을까? 그렇게 살면 세상 사람들로부터 어리석고 미련하다고 손가락질을 받을 것이 뻔하다. 자존심이 상하고, 자긍심이 짓밟히는 비참한 기분으로 살아야 할지도 모른다. 낮아지고 인내하며 남을 섬기는 삶은 세상이 추구하는 삶과 정반대이기 때문이다. 그렇지만 이러한 삶의 태도가 하나님의 도우심을 얻고 영적 능력을 얻으며 풍성한 기도의 열매를 맺는 지름길이다. 계시록에서 요한이 성도들에게 빛나고 깨끗한 세마포 옷을 입도록 허락하셨다고 말하는 대목(계 19:8)이 나오는데, 깨끗한 옷이 바로 옳은 행실이라는 해석을 덧붙이고 있다. 깨끗하게 마음을 씻는 자가 천국에 들어갈 자격이 있다는 말이다. 이는 이 땅에서 기도하는 것마다 신속한 응답을 경험하기 위한 조건이기도 하다.

**에필로그**

　인터넷에서 전쟁 게임을 밤새도록 하는 사람도 게임에서 빠져나오면 피비린내 나는 싸움터가 온데간데없이 사라지고, 아무 일 없다는 듯이 일상의 삶으로 돌아온다. 인터넷 게임이 제 아무리 기가 막히게 실감 나게 만들어졌다고 하더라도, 현실 세계와는 아무런 상관이 없는 허구에 불과하기 때문이다. 필자도 그런 일을 겪고 있다. 그것은 미혹의 영과의 싸움이다. 미혹의 영은 '속이는 영'이라는 뜻으로 사탄과 귀신들을 일컫는다. 미혹의 영은 게임 회사가 야심차게 만들어 낸 캐릭터가 아니다. 모든 크리스천들이 진리라고 믿고 있는 성경에 등장하는 영적 존재이다. 그래서 크리스천들은 사탄이나 귀신을 부정하지는 않지만 일상에서 그들을 경험하지 않는다. 그렇기 때문에 미혹의 영에 대해서 말하는 목회자를 거의 만나 보지 못하고 있다. 혹 그런 사람이 있다고 하더라도 그들이 말하는 미혹의 영은 삶의 현장에서 실감 나게 경험하는 존재가 아니라, 자신이 인지하고 있는 내용을 걸쭉한 입담을 곁들여서 말하고 있는 것일 뿐이다. 그러나 필자는 아니다. 날마다 미혹의 영인 마귀와 귀신들과 피 터지게 싸우는 전쟁터의 한가운데 있다. 그래서 필자가 경험하는 귀신들은 실감 나는 정도에 그치지 않고 오싹오싹할 정도로 무시무시하다. 그러나 영성학교에서 필자의 사역을 눈으로 목격하는 이들일지라도, 느끼는 정도는 사람마다 다르다. 왜 그런지 아는가? 이들은 눈으로 보이고 귀로 들리며 과학적으로 증명되는 존재가 아니라, 오직 영적인 눈이 열려서 알게 되는 영적 존재들이기 때문이다.

> 내가 또 주의 목소리를 들으니 이르시되
> 내가 누구를 보내며 누가 우리를 위하여 갈꼬 하시니
> 그 때에 내가 이르되 내가 여기 있나이다 나를 보내소서 하였더니
> 여호와께서 이르시되 가서 이 백성에게 이르기를
> 너희가 듣기는 들어도 깨닫지 못할 것이요 보기는 보아도 알지 못하리라
> 하여 이 백성의 마음을 둔하게 하며
> 그들의 귀가 막히고 그들의 눈이 감기게 하라 염려하건대
> 그들이 눈으로 보고 귀로 듣고 마음으로 깨닫고
> 다시 돌아와 고침을 받을까 하노라(사 6:8~10)

위에서 이사야는 하나님으로부터 기이한 말씀을 듣게 된다. 하나님의 백성에게 보지 못하고 듣지 못하고 마음으로 깨닫지 못하게 하여 하나님의 은혜를 받지 못하게 하라는 명령을 받고 있다. 왜 하나님은 그런 명령을 내리셨으며, 어떻게 이런 일을 인지할 수 있을까? 하나님

이 이런 명령을 내린 이유는 이스라엘 백성들이 하나님의 말씀을 지속적으로 거역하여 하나님의 진노를 샀기 때문이며, 미혹의 역사를 깨닫고 인지하려면 영적 눈을 떠야 할 것이다. 그러나 우리네 교회는 영적 눈이 감겨서 영적 잠을 자고 있기 때문에, 미혹의 영과 미혹의 역사에 대해 삶의 현장에서 전혀 눈치채지 못하고 있다. 그래서 필자가 아무리 귀신 이야기를 실감 나게 하면서, 어떻게 귀신들이 사람들의 영혼과 생명을 사냥하는지 말해도 인지하지 못하고 "달밤에 웬 개가 짖는구나" 하고 폄훼하기 일쑤이다.

영적 눈을 뜨려면 성령이 주시는 은사를 얻어야 한다. 영 분별의 은사라고 일컬어지는 선과 악을 분별하는 능력은 성령이 주시는 지식과 지혜를 통해 얻을 수 있으며, 성령과 깊고 친밀한 교제를 나누는 종에게 주어진다. 그러나 세간에는 영안이 열렸다는 이들 중에 귀신들을 보았다고 말하면서 미혹시키는 이들도 적지 않다. 귀신은 타락한 천사로서 영적 존재이다. 그러므로 천사나 귀신이 육체의 눈으로 보이지 않는다. 성경에서도 하나님의 사자인 천사기 사람의 모습으로 나타나서 하나님의 명령을 수행하는 경우는 있어도, 무수한 천사들이 육체의 눈으로 보이는 것은 아니다. 그렇다면 하나님도 눈으로 볼 수 있다는 가정을 할 수 있다. 그러나 하나님을 본 사람이 없는데 귀신이나 천사를 보았다는 것은 이중 잣대일 것이다. 사람들이 귀신을 보았다는 것은 귀신들이 속여서 시신경이나 망막을 조종하여 헛것을 보게 하는 것이다. 이는 환청이 들리는 것과 마찬가지이다. 환청은 마치 누군가가 말하는 것을 음성으로 듣는 것 같은 착각이다. 귀신들은 감각신경을 조종하여 환각과 환청을 통해 속이는 것에 능수능란

하다.

　그렇다면 필자는 어떻게 영 분별을 하게 되었는가? 이는 철저하게 귀신들의 속이는 증거나 계략 등을 통해 알게 되는 것이며, 귀신들이 몸 안에 잠복하여 정신과 육체를 파괴하는 상태를 소상하게 알고 있기 때문이다. 그러나 무엇보다도 귀신들은 뇌를 장악해서 자신의 생각을 넣어 주어 속이는 능력이 탁월하다. 그래서 생각으로 속이는 공격에 탁월한 놈들이 마귀라고 일컫는 고급 영이며 미혹의 영이라는 별명을 갖고 있다. 예수님과 사도들은 몸 안에 들어가서 정신질환이나 고질병, 장애를 일으키는 귀신뿐 만 아니라, 생각을 넣어 주어 속이는 미혹의 영에 대해서도 날카롭게 알아채고 있다. 예수님이 가룟 유다나 베드로의 머리를 타고 앉아 속이는 사탄을 인지하거나 책망하셨고, 나중에 베드로가 재산을 팔아서 액수를 속이는 아나니아와 삽비라의 경우나, 마술사 시몬의 머리를 타고 앉아 속이는 미혹의 영을 날카롭게 밝혀내고 있는 게 그 증거이다. 그러나 이 시대의 우리네 교회는 미혹의 영은 말할 것도 없고 귀신의 정체나 공격에 대해서도 무지하여 속수무책으로 당하고 있으니 기가 막힌 일이다. 귀신들은 어디에나 있으며 지구를 덮고 있을 만큼 많다. 성령의 사람이 아닌 모든 사람에게 들어가 있다고 보면 틀림없다. 그 증거는 하나님을 믿지 않는 세상 사람들에게 미혹의 영이 넣어 준 생각이다. 또한 교회 마당을 밟고 있는 대다수의 크리스천들이 자신들에게 성경의 증거와 변화, 능력과 열매가 없는데도 천국에 들어가는 성령의 사람이라고 믿고 있다는 점이다. 대부분의 목회자와 크리스천들이 미혹의 영의 정체와 공격에 대해 무지한 상태 자체가, 바로 미혹의 영에게 사로잡혀 있다는 증거이다. 목회자들은 입만 열면 지식과 교리로 배운 성경의 하나님을 가르치고 있지만, 정작 전지전능하신 하나님을 일상의 삶에서 경험하지 못하며, 귀신을 체험한 바도 없다. 이는 하나님과 천사, 사탄과 귀신 등의 영적 존재를 이성적이고 합리적이고 상식적인 사고방식으로 판단하려고 하기 때문이다. 필자는 매일 전쟁터에서 귀신들과 미혹의 영과 피 말리는 싸움을 하고 있다. 귀신들에게 사로잡혀 고통받고 있는 정신질환자와 고질병 환자는 물론 삶의 지난한 문제로 고통받는 이들이 필자에게 이 문제를 해결해 달라고 와서 눈앞에 앉아 있기 때문이다. 그러나 그 많은 사람들을 필자 혼자 감당할 수가 없다. 그래서 영성학교를 열면서 제자들을 훈련시켜 동역자로 사용하려고 하고 있지만 이 역시 오랜 시간이 걸리고 있다. 그러나 필자는 이 사역을 놓을 수 없다. 성령의 명령 때문이다. 그래서 지금도 미혹의 영과 피 터지게 싸우는 전쟁터에서 암울한 우리네 교회와 교인을 생각하면서 사역을 진행하고 있다.

이 책을 통해 많은 분들이 영적 세계와 영적 존재를 알게 되고, 기도훈련을 통해 성령의 능력으로 귀신들과 싸워 이겨서, 이 땅에서도 안전하고 형통하게 살다가 천국에서 영원히 행복하게 살게 되길 바란다.